제국 지식인의 패러독스와 역사철학

신현승(辛炫承)

상지대학교 교양과 조교수

강원대 철학과 졸업, 중국 톈진사범대 정치철학 석사. 일본 도쿄대 동아시아사상문화(동양철학) 석사 및 박사. 서울대, 고려대, 강원대, 상명대 등에서 강의, 성균관대 동아시아학술원과 고려대 아세아문제연구소 HK연구교수 역임 하였다.

옮긴 책으로『잔향의 중국철학』,『삼국지의 세계』(공역),『송학의 형성과 전개』,『사대부의 시대』,『청년 모택동』,『동아시아 역사와 일본』(공역) 등 다수와 공저 및 동아시아 유교 관련 수십 편의 논문을 썼다. 최근 동아시아 전근대의 유교철학과 근대 동아시아의 학지 및 역사관 등의 문제에 관심을 기울이며 연구를 진행하고 있다.

태학역사지남 004

제국 지식인의 패러독스와 역사철학
나이토 고난과 근대 일본의 학지

초판 1쇄 인쇄 | 2015년 12월 1일
초판 1쇄 발행 | 2015년 12월 7일

지은이 | 신현승
기획위원 | 정재훈(경북대 사학과 교수)
　　　　　김백철(서울대 규장각한국학연구원 책임연구원)
펴낸이 | 지현구
펴낸곳 | 태학사
등 록 | 제406-2006-00008호
주 소 | 경기도 파주시 광인사길 223
전 화 | (031)955-7580~2(마케팅부)·955-7585~90(편집부)
전 송 | (031)955-0910

전자우편 | thaehak4@chol.com
홈페이지 | www.thaehaksa.com

값은 뒤표지에 있습니다.

ISBN 978-89-5966-724-6　94910
ISBN 978-89-5966-720-8　(세트)

제국 지식인의 패러독스와 역사철학

나이토 고난과 근대 일본의 학지

신현승

태학사

일러두기

- 이 책은 기존에 필자가 일본 근대 동양사학자인 나이토 고난에 관하여 국내 학술 지에 발표한 2편의 논문, 「日本의 東洋史學者 內藤湖南의 歷史認識-支那認識 과 文化史觀을 중심으로-」(『동아시아고대학』 제19집, 2009. 6), 「타자에 대한 시 선과 동아시아 인식-시라토리와 나이토의 언설을 중심으로-」(『일본학연구』 제30 집, 단국대 일본연구소, 2010. 5)과 공동 단행본에 실린 1편의 논문 「나이토 고난 의 중국 인식과 동아시아 표상」(『근대 동아시아 담론의 역설과 굴절』, 소명출판, 2011) 및 일본 근대의 학지(學知) 문제를 다룬 2편의 논문 「西周의 번역어 창출 과 중국의 유교」(『日本思想』 제22호, 2012), 「日本의 近代 學術思潮와 陽明學」 (『日本思想』 제14호, 2008) 등 총 5편의 논고를 부분적으로 수정·보완하여 한 권의 단행본으로 새롭게 편집한 것이다. 책의 성격상 한자의 노출이 많았음을 미 리 밝혀둔다.
- 한글 표기를 원칙으로 했지만 의미의 정확한 전달과 독자의 이해를 돕기 위하여 한자를 덧붙였다. 예; 나이토 고난(內藤湖南), 지나론(支那論), 타자(他者), 시 의심(猜疑心) 등. 한글로 풀어쓴 경우에는 [ ] 속에 원래의 한자어를 집어넣었다. 예; 힘[人力], 민족 자신들[民族自己], 천박하고 비열[下劣] 등.
- 서적이나 책의 제목인 경우에는 『 』로, 편명이나 논문의 경우에는 「 」로 표기하였 다. 또한 본문 안에서 긴 문장의 인용문인 경우는 " "로, 강조하는 짧은 문구나 용어는 ' '로 처리하였으며 대개의 인용문의 경우는 알아보기 쉽게 따로 구분을 지었다.
- 인명이나 지명 등의 고유명사는 중국의 경우는 우리식 독음대로 표기했으며, 중 국 이외의 지역에 대해서는 기본적으로 원음에 준하여 표기하였다.

오래된 역사 속에서 인류는 가지각색의 다양한 기록물을 남겨왔다. 철학적 기록물 내지는 사상적 기록물 또한 역사라는 틀과 범주에서 벗어나지 못한다. 역사철학이 역사학 본연의 자세, 목표 등에 대해 고찰을 하는 철학의 한 분야이고, 역사학의 과제와 가능성에 대한 철학 이론에 대한 총칭이라고 한다면, 이 책은 일종의 역사철학에 관한 것이다. 더 구체적으로는 근대 일본 지식인들의 역사관과 학지(學知)에 관한 내용이라 할 수 있다.

역사관을 사전적으로 간단히 정의하면 "역사의 발전 법칙에 대한 체계적인 견해"이며, 줄여서 사관(史觀)이다. 또 역사관은 역사가의 역사에 대한 이해, 해석 원리, 가치관, 관념 등을 포함하는 개념이기도 하다. 이는 시대에 따라, 사람에 따라 달라질 수 있다. 왜냐하면 그 사람을 둘러싼 자연과 인문 환경 및 그 사람의 가치관에 따라 역사관은 얼마든지 달라질 수 있기 때문이다. 그런데 주의해야 할 사항은 역사관이 굴절되고 왜곡되어 기형적인 것이라면, 이는 현재는 물론이고 후대에까지 중대한 역사 인식 문제를 일으킨다. 근대 일본의 지식인들, 특히 동양사학 탄생에 혁혁한 공을 세운 일련의 지식인들이 바로 그러하였다. 그들의 역사관은 패러독스(역설)와 궤변으로 시작된 것이었다. 또 그와 같은 역설과 궤변으로 점철된 기형적 역사 인식은 현대 일본에까지 미치고 있다. 현대의 일본 정치인들이 종종 잘못된 역사 인식과 역사관을 바탕으로 궤변과 역설을 늘어놓는 것도 근대 일본 지식인들의 영향 내지는 근대 일본의 비뚤어진 지적 전통 속에서 그 하나의 원인을 찾아야 할 것이다.

근대 일본 지식인들은 서양 근대 학문의 영향하에 동아시아 역사를, 좁게는 중국의 역사를 그들 나름대로 재단하고 평가하였다. 한자어 역설(逆說)은 영어의 '패러독스(paradox)'로 번역된다. 또 '역리(逆理)' 또는 '배리(背理)' 등으로 번역되기도 한다. 이 말은 그리스어 'ράδοξος (paradoxos)'에서 유래한 어원이다. 'para'는 '반(反)'과 '역(逆)'의 의미이고, 'dox'는 '의견'을 뜻한다. 패러독스는 언뜻 보면 일리가 있고 설득력이 있는 것처럼 생각되는 것임에도 불구하고, 분명하게 모순되었거나 잘못된 결론을 이끌거나 하는 논증이나 사고 실험 등을 일컫는다.

이 책의 제목을 '제국 지식인의 패러독스와 역사철학'이라 정하고, 그 부제로서 '나이토 고난(內藤湖南, 1866~1934)과 근대 일본의 학지'로 결정한 것은 근대 일본 동양사학의 역사관 혹은 역사철학이 패러독스와 궤변으로 이루어진 것이 아닐까라는 필자의 개인적 의문과 견해 때문이다. 근대 일본에서의 동양사학, 특히 중국학 및 중국론 분야에서의 그 주요한 특징은 일본 문화의 우월성을 전제로 하여 열등한 타자인 중국(당시의 명칭은 지나)을 패러독스와 궤변으로 설정했다는 점이다. 이는 그들의 안중에 없던 근대 한국에게도 그대로 투영되었다. 다시 말해 일본에서 근대 동양사학(혹은 중국학)의 창출 과정에는 역설과 궤변을 바탕으로 한 에스노센트리즘(ethnocentrism)이 작용했다는 것이다. 사전적 정의에서 에스노센트리즘은 자신이 속하는 종족이나 사회 집단이 다른 종족이나 집단보다 낫다고 생각하는 경향이다. 한 종족이 다른 종족보다 우월하다는 인식은 현대 사회에서 종종 인종차별 문제로 드러나기도 하며, 혹은 민족적, 문화적 우월감의 표출 양태로 나타나기도 한다.

사실 이 개념은 자민족 중심 또는 자민족 우월 및 자문화 우월의 사상을 말하는데, 어원은 에스노스(ethnos, 인종, 민족)와 켄트론(kentron, 중심, 중앙)의 결합어로 패러독스의 예와 같이 그리스어에서 유래한다. 내셔널리즘이 국가나 정치적 의미에서의 정체성에 초점을 둔다면 에스노센트리즘은 민족적, 문화적 차원의 정체성에 초점을 맞춘 용어이다. 따라서 근대 일본 지식인들의 학지의 양상을 파악할 때는 이 용어가 더 적절할 듯싶다.

부연하면 자신이 속한 사회집단을 자랑스럽게 여기면서 적극적인 참여와 복종적 태도를 취하면서도, 다른 집단에 대해서는 적대적이거나 부정적인 태도로 배척하는 것도 에스노센트리즘에 포함된다. 독일 나치의 유대인 박해가 대표적인 사례이며, 인종차별 의식도 대표적인 예이다. 타민족 및 타문화에 대하여 배타적 멸시적 · 경멸적이다. 따라서 종종 내셔널리즘과 유사한 의미로도 사용된다. 아니 그보다도 더 강렬한 배타성을 지니는 것이다. 한편 패러독스는 일반적으로는 모순을 야기하지 아니하나, 특정한 경우에 논리적 모순을 일으키는 논증이다. 두 가지의 상반된 것을 말하기 때문에 불가능한 것처럼 보이지만, 그 안에 어떤 진실을 담고 있는 것으로 간주한다. 이 패러독스적 표현에 의한 에스노센트리즘의 발현은 결국 궤변으로 이어질 수밖에 없다. 더 나아가 민족적, 문화적 우월성을 그대로 근대 제국주의와 연결시키는 발상이 궤변이 아니고 무엇이겠는가.

바로 근대 일본 동양사학의 탄생과 그 탄생의 주역인 이 책의 주인공 나이토 고난의 역사관과 타자인식이 그러하였다. 극단적 표현인지는 모르겠으나 나이토의 역설과 궤변은 때때로 타자에 대한 일방적 비난과 경멸을 강조하기 위한 표현적 수단으로 사용되었다. 이에 따라 자기 측에서 볼 때 패러독스는 간혹 자기 집단의 단결과 통일, 자기 우월성 및 타자를 공격하거나 역습할 때 매우 효과적인 방법으로 작용한다. 그것은 다름 아닌 제국(帝國) 지식인의 '독설 화법'이었다. 근대 일본은 제국을 표방하였다. 유럽에서 열풍처럼 번지던 제국주의가 근대 일본에 제국의 환상을 심어주었다. 19세기 후반 메이지유신(明治維新)은 천황제의 부활과 새로운 제국의 건설이었다. 이에 편승하여 제국시대를 맞이한 지식인들은 앞 다투어 제국의 지식인이 되었고, 제국을 위한 학술 담론을 펼치기 시작하였다. 결국 근대 일본의 아카데미즘은 제국과 제국대학으로부터 출발한 것이다.

언어학적인 정의에서 제국은 군주가 황제인 나라를 가리킨다. 따라서 근대 일본에서의 군주는 천황이었고, 사회의 모든 영역에서 제국이라는 용어가 유행어처럼 번지기 시작하였다. 교육 분야에서도 도쿄제국대학, 교토제국대학, 도호쿠제국대학, 홋카이도제국대학 등 대학의 명칭 앞에 제국이라는 두 글자가 덧붙여졌으며, 결국 일제강점기 한반도 땅에도 제국이라는 말을 붙여 경성제국

제국 지식인의 패러독스와 역사철학

대학(현 서울대학교)을 설립하였다. 19세기 후반부터는 과히 제국의 열풍이었고, 대학은 순수한 아카데미즘이 아니라, "제국의, 제국에 의한, 제국을 위한" 학풍이 망령처럼 드리웠다. 사실 제국의 말뜻은 그러하지만, 일반적으로 국가로서의 제국은 힘의 중심에서부터 문화와 민족성이 문화적 그리고 민족적으로 전혀 다른 영역과 구성원에게까지 통치권을 확장하는 국가를 가리킨다. 이러한 정의에서는 경제적 또는 정치적 요인을 강조하며, 보통 제국이라 불리는 기간에 군사적 패권을 가짐을 함축한다.

이와 같은 시대적 조류하에서 근대 일본의 지식인들은 우연이든 필연이든 제국대학에서 '제국의 지식'을 전파하였다. 당연히 이 제국의 지식은 "제국에 의한, 제국을 위한" 지식이었고, 거기에는 군사적 패권주의가 전제되어 있었다. 그 가운데 특히 동양사학 분야는 정치와 경제, 군사라는 요인을 강조한 제국주의적 요소가 강하게 작용하였고, 도쿄제국대학과 교토제국대학의 동양사학이 두 축을 이루며 문화라는 표피로 위장한 제국주의 역사철학(혹은 역사관)을 창출하기에 이르렀던 것이다. 그리고 이러한 역사관은 현대 일본의 정치인들에게 고스란히 이어져 비뚤어진 역사인식 문제를 불러일으키고 있다.

이 책의 대체적인 주제는 근대 일본의 동양사학 탄생과 그 주역인 나이토 고난의 역사철학 혹은 역사관과 타자인식 및 제3부에서 다룰 시라토리 구라키치(白鳥庫吉, 1865~1942)의 동아시아 인식과 표상에 관한 것이다. 특히 필자는 근대 일본의 동양사학을 대표하는 두 지식인의 역사철학을 패러독스와 소피즘(Sophism, 궤변)으로 파악하였다. 제4부와 5부에서는 부록으로 근대, 번역어,

동아시아라는 주제로 니시 아마네(西周, 1829~1897)의 번역어 창출과 유교사상과의 관계, 동아시아의 유교와 근대 및 번역어(학술개념어)의 관계성, 근대 일본의 학술사조와 유교사상의 한 분파인 양명학에 관한 문제 등등에 대해 약간의 소견을 덧붙였다. 하지만 이 책에서 가장 비중을 차지하는 부분은 근대 일본의 중국학 혹은 동양사학과 나이토 고난(이하 편의상 '나이토'로 약칭함)이라는 인물이다. 즉 나이토의 저서인 『지나론(支那論)』(1914)과 『신지나론(新支那論)』을 중심으로 해서 그 자신의 역사관, 역사인식, 동아시아 표상과 인식 등이 어떠했는지에 관해 초점을 맞추었다.

　나이토의 『지나론』과 『신지나론』을 공통적으로 관통하는 이념은 일본중심주의(우월주의), 일본문화 우월주의, 더 나아가 제국주의, 혹은 패러독스에 의한 에스노센트리즘의 구현 및 궤변의 역사철학에 다름 아니었다. 그는 중국의 신해혁명(辛亥革命)에 의한 청조(淸朝)의 붕괴를 목격하고 중화민국의 성립이라는 근대 중국의 변화에 다대한 관심을 가지기 시작하여 중국의 내정 문제에 입각한 『지나론』을 간행한다. 이 책이 바로 나이토의 역사철학을 포함하여 중국론과 동아시아 표상 및 인식이 어떠했는지를 보여주는 중요한 문헌자료이다. 여기에서 그는 타자로서의 중국을 패러독스적 역사철학에 근거하여 '죽음을 눈앞에 둔 병든 환자'처럼 인식하였고, 아둔하고 정체된 이미지로 중국을 표상하였다. 그는 아편전쟁에 의한 서양의 충격과 청일전쟁, 러일전쟁 등으로 혼돈의 구렁텅이에 빠진 당시의 중국을 '정체된 늙은 대국'이라 폄하하고 열등한 타자의 이미지로 그려낸다. 그리고 역설적으로 자국 일본의 정치적, 문화적 우월성을 강조하였다. 이와 같은 그의 중국

제국 지식인의 패러독스와 역사철학

론(=지나론)은 1924년에 쓴 『신지나론』에서도 계속되었다. 그는 여기에서 제국주의적 역사철학으로서의 양상을 한층 더 노골적으로 드러내며 부정적 이미지로 중국을 묘사한다.

이 책에서는 이러한 나이토의 중국론(=지나론)을 중심으로 하여 그 자신의 시대 정신과 역사철학 및 동아시아 인식에 관한 고찰을 통하여 근대 일본 지식인들이 가졌던 당시 동아시아상(像)의 한 양상을 추적해 보고자 하였다. 또 그와 같은 작업을 통하여 우리는 근대 일본의 지적 풍토와 실상 및 그들에 의해 지지되고 자행된 제국주의 전쟁의 실상을 더욱 분명하게 이해하게 될 것이다. 다시 말해 그들의 역사관과 시대정신 및 동아시아 표상 인식이 어떠했는지를 파악함으로써 현대 일본인의 역사관 및 동아시아 인식에 관해서도 조금이나마 이해하게 될 것이다.

여하튼 필자의 소망은 이 책이 근대를 둘러싸고 이루어진 동아시아 삼국(조선, 일본, 중국)의 지적 양상(인문학적 학술 상황)이라는 물음에 더 가까이 다가갈 수 있는 기회가 되었으면 하는 바람이다. 근대 제국 일본의 패권주의적 야욕과 학지의 실상이 강렬하게 연결되어 있었다는 점, 지식이 권력이고 폭력이며 그 권력이 외부로 향할 때 평화를 일순간에 깨는 전쟁으로 이어진다는 점 또한 이 책의 전제가 되었음을 밝혀둔다. 근대 일본의 지적 풍토에 관심을 가진 독자제현에게 조금이나마 도움이 되었으면 한다.

2015년 7월
톈진과 도쿄에서의 지난 시절을 회상하며
신현승

제1부
나이토 고난과 중국의 재발견

인류 역사에서 빈번히 발생한 획기적 사건의 배경에는 그것을 대사건으로 이끈 복잡하고도 다양한 잠재적 요인이 존재하며, 그 당시를 살아간 지식인층의 역사인식과 역사관이 내재되어 있다. 우리에게는 역사적 비극으로 기억되는 한일병합도 그 배경에는 근대 일본 동양사학자들의 일그러진 궤변의 역사인식과 패러독스의 역사철학이 자리잡고 있다. 여기에서 '일그러졌다'고 단언하는 것은 그것이 세계사적 보편성이라는 시각에서 벗어났다는 의미이다. 보편성을 결여한 특수성은 타자의 의식과는 별도로 자기들만이 공유하는 편협한 의식의 산물일 수밖에 없다. 가령 그것은 패러독스와 궤변으로 점철된다. 그런 의미에서 일본 근대 동양사학자들의 동아시아상(像)은 보편성을 간과하는 모순으로서 자기의식의 특수성을 강조한 나머지, 일그러진 동아시아 표상을 창출하였다.

1876년 강화도조약 이후, 한일병합(1910) 및 중국의 신해혁명(1911)을 전후로 하여 당시 일본 동양사학자들은 어떠한 역사관과 동양사관을 가지고 있었을까. 그 동양사관은 또 어떠한 내용과 의미를 지니고 있는 것일까. 이러한 물음에 답하기 위해서는 그들의 학문관과 역사인식 및 개개의 사건에 관한 직접적 언설을 살펴보지 않으면 안 된다.

따라서 이 책의 제1부에서는 이와 같은 문제의식을 가지고 한일병합을 전후로 활동한 근대 일본의 대표적 동양사학자인 나이토 고난이라는 인물에 관해 알아보고, 그의 역사인식 및 동양사관에 주목하였다. 특히 그의 대표작이라 할 수 있는 『지나론』과 『신지나론』 및 당대 중국에 관한 시국 관련 언설을 중심으로 해서 위와 같은 문제의식의 초점에 접근하였다.

하지만 이 책에서는 '지나론'이라고 해서 서명(書名)만을 의미하지 않으며, 그의 중국론 전체를 의미한다. 즉 나이토의 중국 인식 내지는 '중국상(像)' 혹은 넓은 의미에서 동아시아 표상이라 할 수 있다. 나이토라 하면 현재 일본의 동양사학계와 동아시아 각국의 역사학계 및 사상계는 물론이고 서구의 동양사학 연구자들에게도 널리 알려져 있는 20세기 초엽의 대표적 동양사학자 중의 한 사람이다. 그는 젊은 시절 저널리스트로서 활동한 후 일본의 명문 교토(京都)제국대학 교수로서 동양사 강좌를 담당한 역사학자였다. 그의 대표적 역사학 이론으로서 중국사의 '시대구분론'은 아직도 인구에 회자되고 있다.

이 시대구분론은 당시 중국의 근대가 서구인의 도래와 함께 시작된다는 통설에 반대하여 10세기 무렵 송대(宋代)부터 근대화의 싹이 트기 시작했다는 것을 염두에 두고 이 시기부터를 근세(近世)로 설정한다. 다시 말해 '당송변혁(唐宋變革)'이라는 용어로 표현되듯이 당·송 간의 사회 변화를 근대의 역사학자들 중에서 가장 먼저 지적한 것이다. 아직도 이 시대구분론이 동아시아 역사학계에서 널리 인정받고 있는 상황을 고려해 보면, 나이토의 학문적 업적의 위력이 어떠했는지를 실감할 수 있다. 이 또한 우리가 풀지 않으면 안 되는 숙제인 것이다.

이 책의 앞부분에서 언급했듯이 그는 중국의 신해혁명과 연이은 청조의 붕괴, 이어지는 중화민국의 성립이라는 근대 중국의 거대한 변화에 관심을 기울여 마침내 『지나론』을 간행한다. 이 『지나론』이 바로 20세기 초엽을 시점으로 한 나이토의 중국론이자 동양사관이었다. 이것은 부정해야 할 타자로서의 중국을 본격적으로 인식하기 시작한 것이고, 몰락하는 중화제국의 이미지를 새로이 창출하려는 시도였다. 또 『지나론』이 간행되고 정확히 10년 후, 즉 1924년 9월 『신지나론』이 간행된다.

여기에서도 그의 중국론은 10년의 세월이 변했음에도 불구하고 기본적인 사유구조는 결코 변하지 않았다. 따라서 제1부에서는 바로 이 두 책을 주요 고찰 대상이자 논증자료로 삼았음을 밝혀둔다. 더불어 정치적 담론에서 출발한 그의 중국론과 동양사관은 최후에 중국을 둘러싼 근대 일본의 학술 담론으로서 '지나학'(=중국학)'이 형성되는 계기를 만들어 주었는데, 이 제1부는 나이토의 지나학이 어떻게 형성되었는지에 관해서도 초점을 맞추었다.

제1장 나이토 고난과 지나학

1. 행적과 저작

나이토 고난, 이름은 도라지로(虎次郎), 자는 헤이케이(炳卿)이
며 고난(湖南)은 그의 호이다. 그는 1866년 일본의 아키타현(秋田
縣) 가즈노군(鹿角郡) 게마나이초(毛馬內町)에서 태어났다. 조부
의 대(代)부터 한학을 익혔으며 그 영향으로 어린 시절부터 한학
적 소양을 키우기 시작하였다. 유소년 시절 특이한 사항은 13세의
나이에 자국에 대한 관심이 높아『일본외사(日本外史)』를 통독했
다고 한다. 제국 일본에 대한 자긍심과 우월 의식이 이 무렵부터
싹텄는지도 모른다. 1883년 현립(縣立) 아키타(秋田)사범학교에
입학하여 1885년 동교(同校) 고등사범과를 졸업한다.

졸업 후 2년간 쓰즈레코(綴子)소학교에서 주석훈도(主席訓導;
실질적인 교장)로 재직하다가 1887년 교직생활을 청산하고 도쿄
로 진출하였다. 1907년 가을, 교토제국대학 문과대학 사학과 동양
사학 강좌의 강사에 취임하고 1909년 교수로 임용되기 전까지 신
문·잡지사 등에서 저널리스트이자 기자로서 왕성한 문필 활동을
하였다.[1] 저널리스트 활동은 먼저 1887년 불교 계열의 잡지『명교
신지(明教新誌)』의 기자가 되었고, 그 뒤『일본인(日本人)』,『오사

제국 지식인의 패러독스와 역사철학

카 아사히신문(大阪朝日新聞)』,『대만일보(台湾日報)』,『만조보(万朝報)』 등의 편집으로 이름을 날린다. 저널리스트가 된 이후 그는 러일전쟁 때 개전론을 전개하여 전쟁 발발을 획책하기도 하였고, 이 무렵부터 서서히 중국에 관심을 갖는다.

이렇게 볼 때 그의 저널리스트 활동 시기는 그 후 저명한 동양사학자로서의 길을 가는 데 튼튼한 기초를 닦았다고 할 수 있다. 하지만 저널리스트로서의 전반부 삶과 동양사학자로서 제2의 삶을 산 그도 마침내 1926년 60세의 나이로 정년을 맞아 교토제국대학에서 퇴임한다. 퇴임 후 제국 학사원(學士院) 회원에 선출되고, 교토 미카노하라[瓶原村, 현재는 기즈가와시(木津川市)]에 은거하면서 독서로 나날을 보낸다. 그리고 1934년 6월, 세상을 떠나 교토 히가시야마(東山)의 정토종 계열 호넨인(法然院)에 안장되었다.

그는 동료였던 가노 나오키(狩野直喜), 구와바라 지쓰조(桑原隲藏)와 함께 '교토 중국학'을 개창하여 중국학 방면에서 교토학파를 만들어냈고, '교토대학의 학보(學寶)'로 지칭될 만큼 근대 일본의 대표적 지식인이었다. 따라서 그가 쌓은 동양사학 관련의 학문적 업적은 지금도 흔들림 없이 유지되고 있다.

이제까지 일본 국내에서의 나이토에 대한 연구 성과는 방대하다고 할 수 있다. 양적 혹은 질적인 측면 모두에서 우수한 연구가 이루어졌음은 두말할 나위 없다. 하지만 동아시아의 또 다른 축을 이루는 한국과 중국에서는 상대적으로 미약할 수밖에 없었다. 물론 한국과 중국에서도 동양사학계 내부에서는 나이토의 명성이 대단하였다. 그것은 그의 시대구분론과 '당송변혁론'이 어느 정도의 위력을 발휘했기 때문이다. 그렇더라도 나이토에 관한 전기(傳記)나 역사관 및 나이토 개인에 관한 연구는 큰 주목을 받지 못했고, 그로 인해 연구 성과는 미미할 수밖에 없었다. 여기에서는 이러한 이유로 일본 국내의 연구사만을 간략하게 정리하고 넘어가기로 한다.

우선 현재의 시점에서 나이토의 전체적 실상을 파악하기 위해서는 필연적으로 그의 문집인 『전집(全集)』을 검토하지 않으면 안 된다. 『전집』은 1969년부터 1976년까지 순차적으로 정리되어 도쿄의 지쿠마쇼보(筑摩書房)에서 『나이토 고난 전집(內藤湖南全集)』(이하 『전집』으로 약칭)으로 간행되었는데, 전 14권본이다.

제1권에서 4권까지는 주로 '언론인'으로서 활약하고 있던 시기의 작품을 수록하고 있다. 그 중 제1권에는 『근세문학사론(近世文學史論)』, 『제갈무후(諸葛武侯)』, 『누주타주(淚珠唾珠)』 등이 있는데, 『근세문학사론』은 『오사카 아사히신문』에 『간사이 문운론(關西文運論)』으로 연재한 것을 개제한 것이고, 『제갈무후』는 제갈공명에 관한 평전이다.

제2권에는 중국여행의 기행문 『연산초수(燕山楚水)』를 비롯하여 『대만일보(台灣日報)·만조보(万朝報)』 게재문인 『다카하시 겐조군 전(高橋健三君傳)』과 『추상잡록(追想雜錄)』을 수록하였다. 특히 『연산초수』는 1899년(메이지 32년) 처음으로 중국 여행을 경험한 뒤, 중국 땅의 명사(名士)와 당시의 시국을 논하면서 학문을 담론한 기행문이다. 「다카하시 겐조군 전」은 근대 일본의 정치가이자 저널리스트로서 국가주의자이기도 했던 다카하시 겐조(1855~98)를 추도하는 전기이다. 『추상잡록』은 나이토 자신의 유소년 무렴의 회고담을 시작으로 선배와 친구 등을 추억하며 기록한 글과 담화로 이루어져 있다.

제3권과 4권은 『오사카 아사히신문』에 게재한 논설과 잡문 (1900~06) 및 잡지 『일본인』 등에 실린 시사론(時事論)으로 구성되어 있다.

그리고 이 책에서 주로 다룰 『지나론(支那論)』과 『신지나론(新支那論)』은 『전집』 제5권에 수록되어 있는데, 이 제5권에는 교토제국대학 강단에 몸담았을 시기에 저술한 시국론 『청조쇠망론(淸朝衰亡論)』도 들어 있다. 『청조쇠망론』은 교토제국대학에서 행한 일종의 특별강연집인데, 청조 쇠망의 원인을 병력과 재정이라는 문제로부터 논한 것이다.

제6권은 시사론 이외의 잡문이나 강연, 일본어로 쓴 서문과 여행일기, 『한국동북강계고략(韓國東北疆界攷略)』과 『만주사진첩(滿洲寫眞帖)』 등을 수록하고 있다.

제7권에서 제13권까지의 총 7권은 교토대학 교수 시절에 집필하여 학계에 발표하고 소개한 순수 학술논문과 강의록이다. 그런데 제8권에서 제13권에 이르기까지 여기에 수록된 저작은 정년퇴직 무렵에 저술하고 정년 후에 증보판을 낸 『일본문화사연구(日本文化史硏究)』를 유일한 예외로 하더라도 모두 몰후에 장남 나이토 겐키치(內藤乾吉) 등에 의해 편찬된 것이다. 제7권에서 13권까지의 목록과 대략적 내용을 살펴보면 다음과 같다.

제7권: 『연기소록(硏幾小錄)』, 『독사총록(讀史叢錄)』. 제8권: 『동양문화사연구(東洋文化史硏究)』, 『청조사통론(淸朝史通論)』. 『동양문화사연구』는 일반인들에게 중국 만주의 역사와 문화에 관해 대중적으로 강연하고 담화를 나눈 기록 등을 모은 단행본이다.『청조사통론』은 1915년 8월, 6일간에 걸쳐 교토제국대학에서 청나라 역사에 관해 강연한 내용을 책으로 엮은 것이다. 제9권:『일본문화사연구(日本文化史研究)』,『선철의 학문(先哲の學問)』.『일본문화사연구』는 일본 역사와 관련하여 강연한 내용 및 이에 대해 잡지와 신문 등에 발표한 글을 모아서 편찬한 책이다.『선철의 학문』은 일본 에도시대의 사상가들, 즉 일본적 주자학의 원형이라 불리는 주자학자 야마자키 안사이(山崎闇齊, 1618~82)와 유학자 도미나가 나카모토(富永仲基, 1715~46) 및 유학자 야마가타 반토(山片蟠桃, 1748~21) 등의 학문과 업적을 현창하면서 강연한 내용을 엮은 강연집이다.

제10권:『지나 상고사(支那上古史)』,『지나 중고의 문화(支那中古の文化)』,『지나 근세사(支那近世史)』.『지나 상고사』는 교토제국대학에서 나이토 자신이 독자적인 시대구분법에 의해 중국 후한시대까지의 역사에 관해 강의한 내용을 엮은 단행본이다.『지나 중고의 문화』도 교토제국대학에서의 강의 자료집으로 중국 중고시대(위진남북조)에서의 귀족문화의 생성에 관해 논하고 있다.『지나 근세사』는 교토제국대학에서의 강의록으로 중국의 근세는 송대부터 시작된다고 하는 나이토 자신의 시대구분법에 근거하여 원나라와 송나라까지의 역사에 관해 개설한 단행본이다. 제11권:『지나 사학사(支那史學史)』.『지나 사학사』는 위와 마찬가지로 교토제국대학에서의 강의록이며, 3년에 걸쳐 중국 고대부터 청나라까지의 사학(史學)의 역사에 관해 통론한 단행본이다.

제12권:『목도서담(目睹書譚)』,『지나 목록학(支那目錄學)』,『서

제국 지식인의 패러독스와 역사철학

목답문(사부)보정』〔書目答問(史部)補正〕. 『목도서담』은 유명한 서지학자로도 알려져 있는 나이토가 일본어 서적은 물론이고, 중국어 서적 등에 관해 평이하게 해설한 내용을 담고 있다. 제13권: 『지나 회화사(支那繪畫史)』, 『회화사잡찬(繪畫史雜纂)』, 『지나 회화사』는 교토제국대학에서의 강의록으로 중국 회화의 역사를 시작으로 회화에 대한 자신의 철학에 관해 논한 저작이다. 제14권은 한문(漢文)으로 쓴 문집 혹은 시집(詩集)을 망라하고 있고, 더불어 와카(和歌)와 서간문을 수록하고 있으며 최후에는 『연보(年譜)』와 저작 목록을 부록으로 싣고 있다.[2]

이처럼 나이토는 일본 문학과 역사 및 사상은 물론이고, 중국의 역사와 예술 분야까지 그 자신의 박학다식함을 저작으로 남기고 있다. 이는 그의 학문적 호기심과 연구 영역이 얼마나 광범위했는지를 보여주는 좋은 증거일 것이다. 저널리스트의 전반부 삶이 후의 학문 연구자의 삶에 지대한 영향을 끼쳤다는 것은 이러한 다작을 통해서도 더욱 자명해진다.

하지만 거기에는 커다란 함정도 있었다. 저널리스트의 체험과 경력으로 문장력과 역사를 바라보는 감각적 시선은 뛰어났지만, 오히려 그것이 동양사학 연구에서는 독으로 작용했고 마침내는 역설과 궤변의 도를 넘어 독설로 점철되었던 것이다. 그의 사후 나이토의 이 『전집』은 많은 연구자에게 그의 실체를 파악할 수 있도록 도와주는 좋은 연구 자료로서 기능하고 있으며, 또 이것은 나이토의 학문 연구를 위해서는 필수적으로 다루어야 할 1차 자료가 되었다. 한편 나이토의 사후에 이루어진 다수의 연구 성과도 눈에 들어온다. 그것을 잠시 소개해 두면, 우선 나이토의 경력을 포함한 전기에 관해서는 대표적인 논고로서 다음과 같은 것이 있다.

安藤德器『西園寺公と湖南先生』(言海書房, 1936), 高橋克三編
『湖南博士と伍一大人』(石川伍一大人·內藤湖南博士生誕記念祭實
行委員會, 1965), 靑江舜二郞『龍の星座—內藤湖南のアジア的生
産』(朝日新聞社, 1966) 등이 있고, 『內藤湖南全集』(1969~76)이 출
판되던 무렵과 그 후의 대표적 논고에 三田村泰助『內藤湖南』(中
公新書, 1972), 森鹿三「內藤湖南—日本文化論」(『日本民俗文化大
系11』, 講談社, 1978), 增淵龍夫『歷史家の同時代史的考察につい
て』(岩波書店, 1983), 千葉三郞『內藤湖南とその時代』(國書刊行會,
1986), 加賀榮治『內藤湖南ノト』(東方書店, 1988) 등.

이 외에도 많은 논고가 있다. 그런데 일본 내에서의 나이토에
대한 평가와 연구는 비판적 시각에서 고찰한 논고가 그리 많지 않
다. 보편사적 역사관으로 보기에 무리가 따르는 나이토의 동양사
학은 지금까지도 불가침의 성역으로 인정되고, 그가 창안한 중국
사에서의 시대구분론과 당송변혁론 등은 아직도 위세를 떨친다.
이는 일본 내에서든 국외에서든 '나이토 사학(史學)'을 냉정하게
평가하지 않았다는 것이며, 대부분이 나이토의 동양사학계에서의
업적만을 개괄하고 긍정적으로만 평가한 논고가 학계를 지배했다
는 얘기이다.

당시의 명칭에서 볼 때 지나론 및 지나학(=지금의 중국학)은 중
국에 관한 제 논의와 연구를 일컫는다. 나이토의 지나론 및 지나
학을 이해하고 분석하기 위해서는 우선 그 자신의 경력과 동양사

연구에 관심을 갖게 된 계기에서부터 출발해야 한다. 주지하다시 피 나이토의 일생은 그 전반기를 신문사의 논설기자로서 언론계 에서 활약하였고, 후반기는 교토제국대학에서 동양사학을 강의하 면서 동양사 연구에 매진한 시기로 구분할 수 있다.

나이토는 교토제국대학 교수로 부임하기 이전부터 도쿄제국대 학 동양사학과에 대한 강한 라이벌 의식을 가지고 있었던 듯싶다. 그가 오사카 아사히신문사에 재직하고 있을 때인 1901년『오사카 (大阪) 아사히신문』지상에「교토대학과 문화(京都大學と文化)」, 「간사이의 문화와 교토대학(關西の文化と京都大學)」,「교토대학 과 박학의 사(京都大學と樸學の士)」[3] 등의 논설을 계속하여 게재하 고 교토제국대학에 문과대학이 설립돼야 한다는 필요성을 강조한 것으로 보아도 짐작할 수 있다. 특히 그는 '태서풍(泰西風)의 대 학'(도쿄제국대학을 지칭)에는 '박학(樸學)의 사(士)'가 없으니, "교 토대학에서 구(求)해야 할 것이다."라고 말한 뒤, 다음과 같이 기 술하고 있다.

바야흐로 개설될 문과대학에 있어서는 그 교수가 가장 박학(樸 學) 연찬(研鑽)의 풍모를 지니고 고증·번쇄(煩瑣)의 폐해를 벗어나 문명의 비평, 사회의 개조에 의하여 입견(立見)하고 고래 간사이(關 西) 학자에 특유한 고로하되 잡(雜)돼서는 안 되고, 준엄(峻嚴)하되 부박하지 아니한 학풍을 일으키면 (……) 듣기에 교토대학의 문과 에 설치되어야 할 것은 우선 사학과(史學科)로부터 시작해라. 나는 현재 도쿄대학의 사학(史學) 연구방침에 대하여 또한 비견(鄙見)이 있음을 면치 못하는 자이나 그러나 이것은 스스로 타일(他日) 별론

(別論)을 요하는 것이다.[4]

이와 같은 언설은 확실히 도쿄제국대학을 의식한 논조였고, 또한 도쿄제국대학 사학과의 '고증·번쇄'적인 학풍을 비판하고, 앞으로 설립될 교토제국대학 사학과가 추구해야 할 학풍으로 '박학'의 학풍을 제창한 것으로 이해할 수 있다. 여하튼 이 '박학'의 학풍은 '나이토 사학(史學)', 나아가서 교토학파의 학풍으로 그 전통을 이루게 된다. 동시에 시라토리 구라키치(白鳥庫吉, 1865~1942)가 이끌던 도쿄제국대학의 고증 사학과 대립한 학풍으로 정립되었던 것이다.[5] 하지만 이 책에서의 주요한 관점을 짧게 미리 말해두면, 나이토나 시라토리 모두 일본 중심주의적 역사관을 가지고 있었다는 점에서는 공통된 의식의 소유자였다는 점이다. 제국에 대한 환상과 근린 국가인 중국과 조선에 대한 강한 배타성은 두 사람의 공통된 감각이기도 하였다. 그리고 이러한 비뚤어지고 일그러진 역사인식과 편협한 감각의 기반 위에서 근대 일본의 동양사학이 탄생하였다.

2. 중국 방문—중국의 재발견

위에서 언급했다시피 나이토의 학문적 태도는 그의 전반기의 삶, 즉 저널리스트로서의 경력과 무관하지 않다. 다시 말해 그의 전반기의 삶이 후반기에 영향을 끼쳤다는 것은 두말할 나위 없다. 전반기의 나이토는 중국사 혹은 중국문화보다도 일본문화에 대한 관심이 컸던지라, 그의 논고는 자국의 문제와 자국사에 대한 것으로 가득 채워졌다. 그렇게 볼 때 나이토가 본격적으로 동양사 연

제국 지식인의 패러독스와 역사철학

구(좁게는 중국사 연구)로 전환하는 계기는 신문기자 생활의 말년에 해당할 것이다. 특히 기존의 나이토에 관한 연구서를 검토해보면 두 시기가 일본 연구에서 중국 연구로 전환하는 한 계기가 되었음을 확인할 수 있다. 그 해는 바로 1894년과 1905년이다.

첫 번째 계기는 1894년인데, 이 해 8월 1일에 발표된 청일전쟁 선전포고의 조칙에 앞서 『오사카 아사히신문』에 7월 29일부(付)로부터 3회에 걸쳐 연재된 「교전국 인민의 마음가짐(交戰國人民の心得)」이라는 사설은 다카하시 겐지(高橋健三, 1855~98)의 지론을 나이토와 다른 한 사람이 공동으로 정리한 글이다. 이어서 전쟁이 발발하자 다카하시를 따라 히로시마(廣島)의 대본영으로 향하였고, 9월에는 나이토 자신도 『오사카 아사히신문』의 기자가 된다. 아사히에 먼저 입사해 있던 니시무라 덴슈(西村天囚, 1865~1924)는 동양사학에 관한 폭넓은 지식을 가지고 있던 나이토의 논설을 높이 평가했다고 한다.

이때부터 나이토는 청일전쟁(1894~95)에 종군하였고, 이후에는 오사카의 가이토쿠도(懷德堂, 오사카에 있던 일반인들을 대상으로 한 사숙)의 재건에 힘썼으며, 『일본송학사(日本宋學史)』를 저술한 한학자 니시무라 덴슈와의 전 생애에 걸친 교우가 시작된다. 덴슈가 세상을 떠났을 때 나이토는 「문학박사 니시무라 군 묘표(文學博士西村君墓表)」(전집 제14권)를 짓기도 하였다. 이와 같이 청일전쟁을 계기로 하여 그때까지의 일본문화의 연구로부터 일전하여 중국 연구에 전념하게 되었다.[6] 한편 두 번째로서 러일전쟁(1904~05)을 계기로 하여 나이토는 본격적으로 동양사 연구의 한 계기를 만든다.

만주를 자국 일본의 이익선(利益線)으로 생각하고 있던 나이토는 러일전쟁 전야에 즈음하여 제정 러시아의 남침 정책에 대해 민족 자위의 입장에서 주전론(主戰論)을 되풀이하여 주장한다. 그리하여 제정 러시아에 대한 승리가 확정된 1905년(메이지 38) 8월, 그는 외무성으로부터의 촉탁을 받고 다시금 만주로 향했고 봉천(奉天, 지금의 요령성 성도인 심양)의 궁전에서 『만문노당(滿文老檔)』과 『오체청문감(五体淸文鑑)』 등의 귀중한 만문(滿文) 비적(秘籍)을 발견한 뒤 크게 기뻐했다고 한다. 그것과 함께 청조 흥기의 역사 유적지를 답사한다. 그는 이를 계기로 본격적으로 동양사학 연구에 전념할 결심을 하게 되었다고 한다.[7] 이 책에서는 상세히 다루지 않았지만, 우리의 주목을 끄는 것은 나이토의 일생 가운데 이 1905년이 근대 한국(당시는 대한제국)과도 깊은 연관을 가지고 있다는 점이다. 즉 나이토의 1905년 중국 동북부 만주행은 외무성의 촉탁에 의한 조사서를 작성하여 제출하기 위한 일종의 파견 출장이었다. 이 행적으로 인해 나이토는 제국 일본 정부의 대만주정책의 형성에 기여했다는 후대의 부정적 평가를 받기도 한다.

조사는 다름 아닌 청한(淸韓) 국경 문제, 즉 간도 문제와 관련된 것이었고, 1906년 2월 일본 참모본부에 『간도문제조사서(間島問題調査書)』(전 98항)를 제출한다. 이 조사서는 중국 명나라 이전의 경계 연혁, 청한 경계의 교섭, 두만강 연안의 기재(記載), 단안(斷案) 등의 목차로 이루어졌다. 1907년에는 외무성에 약 300쪽 분량으로 늘어난 『간도문제조사서』가 제출되었다. 현재 나이토 『전집』에도 간도 문제와 관련한 간단한 경위와 조사서의 내용 등이 포함된 『한국동북강계고략(韓國東北疆界攷略)』(1907년 탈고)이 실려

제국 지식인의 패러독스와 역사철학

있다.[8] 지금까지의 연구에 의하면 나이토가 간도 문제를 보는 시각은 당시 일본 정부의 인식과 유사하다는 점이다. 교토대학의 교수가 되기 이전의 행적이지만, 이 또한 역사학을 논하고 동양사학을 전공하는 학자가 활동한 경력이라고 볼 때 근대 일본의 동양사학이 어떤 기반 위에서 탄생했는지를 예측할 수 있는 좋은 사례일 것이다.

그런데 나이토의 여러 전기에 의하면 그는 1898년 8월 말부터 3개월간 최초로 중국 땅을 방문한 뒤 '지나'의 문제에 관심을 갖기 시작했고, 그 후 러시아에 대해서는 줄곧 강경책을 지론으로 삼아 주전론을 주장했다고 전한다. 이렇게 볼 때 나이토 지나학은 러일전쟁 시기의 주전론에서 출발했음을 쉽게 간파할 수 있다. 그것은 다름 아닌 당시 나이토의 정치적 담론이기도 하였다.

사실 나이토의 중국에 대한 관심과 중국학 및 동양사학 연구의 계기는 어떤 특정한 시기를 단언하여 규정할 수는 없다. 왜냐하면 그 자신이 직접 중국을 방문한 경험, 즉 누차에 걸친 일련의 중국행도 하나의 큰 요인이 되었을 것이기 때문이다. 나이토에게 있어서 중국 방문은 새롭게 중국을 발견하는 시간이었다. 그것은 당시 자국 일본의 우월성을 확인하기 위한 중국의 재발견이었다. 그 중국행의 궤적을 살펴보면, 최초의 중국행은 앞에서 말한 1898년이다. 이때 그는 『만조보』 편집장의 자격으로 중국 각지를 둘러보면서 당시 중국의 지식인들, 엄복(嚴復), 장원제(張元濟), 나진옥(羅振玉) 등과도 면담한다. 문정식(文廷式, 1856~1904)으로부터는 몽골문 『원조비사(元朝秘史)』를 손에 넣게 된다. 이를 계기로 아마도 이 해부터 중국 관련 서지학에 대한 관심 및 동양사학 관련 중국어판 서적의 수집에 열을 올리기 시작했을 것이다.

1902년에는 중국(당시 청나라)을 재차 방문한다. 이때 나이토는 북경에서 심증식(沈曾植), 하증우(夏曾佑), 유철운(劉鐵雲), 조정걸(曹廷杰) 등의 인물과 만나고, 절강성 항주에서는 문란각(文瀾閣)의 『사고전서』를 견학한다. 더불어 절동학파 장학성(章學誠)의 저서 『문사통의(文史通義)』 등을 구입하고, 장학성이 제창한 '육경개사설(六經皆史說)'을 상찬했다고 한다. 1905년은 앞에서 언급했다시피 그의 세 번째 중국행이었다.[9] 그로부터 교토제국대학의 교수가 된 후 자신의 중국 연구를 심화시키기 위해 1910년과 1912년에는 동료들과 함께 사료를 조사하고 입수하기 위해 중국을 다시 방문한다. 그리고 1924~25년에는 유럽과 미국을 둘러보기도 하였다. 이처럼 나이토의 중국 방문은 사료 조사와 함께 대량의 중국어판 서적을 구입하기 위한 방문이었고, 나이토는 자신의 눈으로 직접 중국의 고전 텍스트와 현실 속의 중국을 새롭게 발견하였다. 그 새로움은 사료 텍스트와 경전 텍스트의 가치는 인정했지만, 현실의 중국은 노쇠하고 병들어 더 이상 예전의 중화제국이 아니라는 확인 작업에 다름 아니었다.

한편 이 책 제1부의 초점은 정치적 담론으로서의 지나론에 맞추었는데, 그것도 동양사학자의 길을 걷기 시작한 1898년 이후의 시기에 주목하였다. 이제 다음 절에서는 그와 같은 일본 내의 연구 성과에 대해 비판적 시각의 잣대를 들이대고 세계사적 보편성 혹은 동아시아사적 보편성이라는 관점에서 나이토와 중국론을 논의한다. 우선 나이토의 중국론이 형성되는 배경, 즉 당시 지나학이라는 명칭으로 전개된 중국학 연구의 현황을 살펴본다.

3. 나이토 '지나학'의 형성

나이토의 중국학이자 중국론의 완결판인 『지나론』은 언제 간행된 것일까. 나이토가 우여곡절 끝에 교토제국대학 문과대학의 사학과 동양사학 강좌의 강사에 취임한 것은 1907년(메이지 40) 10월 16일이며, 2년 뒤인 1909년 9월 10일에는 교수로 승진, 다음 해에는 총장의 추천을 받아 문학박사 학위를 수여받았다.

바로 『지나론』은 이 시기 이후, 즉 교수가 된 뒤에 집필한 대표 저서라 할 수 있다. 그의 시국론인 『청조쇠망론(淸朝衰亡論)』은 1912년, 『지나론』은 1914년(대정 3)에 초판이 간행되었던 것이다. 나이토의 이 두 저작은 1938년에 다시 지나론이란 제목으로 묶여 「근대 지나의 문화생활(近代支那の文化生活)」을 새롭게 수록하여 소겐샤(創元社)에서 간행되었다. 한편 이러한 저작을 아카데미즘의 구현자로서 교수가 된 이후에 간행했더라도 그것은 한순간에 나온 정신적 산물은 아니었다고 볼 수 있다. 저널리스트로서 인생의 전반기를 보내고 저널리즘이 정신과 육체 모두에 익숙해 있던 나이토가 『지나론』을 집필하는 데 있어서 그 영향을 받지 않았다는 것은 생각할 수 없는 일이다.

저널리즘은 말 그대로 팸플릿, 뉴스레터, 신문, 잡지, 라디오, 영화, 텔레비전, 책 등을 통하여 대중에게 뉴스 해설 특집물 등을 수집·준비·배포하는 활동으로서 근원적으로 포퓰리즘(대중인기영합주의)을 나타낼 수밖에 없다. 나이토의 경우도 이 포퓰리즘에서 자유로울 수 없었다. 그는 대중매체인 신문을 통해 대중과 소통하는 글쓰기를 몸에 익힌 상태였고 순수 학문으로서의 문장 표현보다는 대중의 감성을 자극하는 정치적 수사와 같은 문장 표현에 익숙해 있었다. 그러한 경향은 본격적으로 아카데미즘의 산실인 대학이라는 공간에 몸담은 뒤에도 여실히 드러난다. 그 대표적 작품이 『지나론』과 『신지나론』이고, 이 두 저작을 지금의 시각에서 살펴보면 타자인 중국과 중국인에 대한 멸시를 표현하기 위해 치졸하고 편협하다 못해 유치할 정도의 문장 표현을 많이 사용하고 있다. 그것은 나이토만이 아닌 근대 제국 일본 지식인들의 공통된 특징이었다. 이 무렵 근대 일본의 지식계를 돌아보면 나이토의 『지나론』이 간행되기 전에 이미 일본에서는 소위 '지나분할론'과 '지나론'이 유행하였고, 그것과 관련된 책도 출간되어 있었다.

그 하나가 1912년(대정 원년)에 도쿄 세이쿄샤(政敎社)가 출판한 나카지마 단(中島端)의 『지나 분할의 운명(支那分割の運命)』이고, 또 하나는 다음 해인 1913년(대정 2)에 도쿄 게이세이샤(啓成社)가 간행한 사카마키 데이이치로(酒卷貞一郎)의 『지나 분할론(支那分割論)』이다. 그 대략적 논지를 살펴보면 『지나 분할의 운명』에서 나카지마 단이 전개하는 논지는 지나를 20세기의 수수께끼이며 부패하고 타락한 더럽고 병든 국가로 단정하면서 철퇴를 가지고 이것을 부수지 않으면 타개할 길이 없다고 단정한다. 또 중국은 결국 분열의 시기가 올 것이고 그것이 바로 필연적 운명이라는 결론을 내리면서 일본의 중국에 대한 간섭도 용인하는 논리를 펼치고 있다. 이와 마찬가지로 『지나 분할론』에서 사카마키는 국가의 성쇠를 신체의 내과적 질환과 외과적 질환에 비유하여 지금 빈사 상태에 빠진 중국은 부패와 혼탁의 극에 달해있고, 그 원흉은 원세개(袁世凱)이며 새롭게 등장한 손문(孫文)도 신용할 수 없기 때문에 결국 공화정체(共和政體)로 극복한다는 것은 불가능하며 전제정치(專制政治)에 의한 길밖에 없다는 논지를 전개한다.

그런데 여기에서 사카마키가 말하는 전제정치는 그 일부를 외인(외국인)의 손에 맡겨도 좋다는 의미에서이고 열강 세력이 중국을 점거한다면 그 가운데 일본이 가장 큰 힘을 써야 한다는 주장을 펼치고 있다. 그 결론은 결국 중국 내의 분할과 서구 열강에 의한 분할이 있을 것이고 이때 일본도 지나 영토의 분할에 적극 참여해야 한다는 것이다.[10] 이와 같이 보면 나이토의『지나론』이 출간되기 2, 3년 전부터 이미 일본 내에서는 일반적으로 중국을 부패와 무능의 왕국으로 묘사하고 그러한 인식의 바탕 위에서 적극적으로 일본의 개입을 촉구하는 목소리가 높았다는 것을 알 수 있다.

그리고 이 두 저작의 중국 인식에 편승하여 중국을 폄하하고 멸시하는 나이토의『지나론』이 출간되었다. 이렇게 볼 때 나이토의『지나론』은 당시 일본의 일부 지식인층의 중국론과 맥을 같이했다고 판단할 수 있다. 결국 그 영향과 자극을 받아『지나론』을 집필한 것이다. 나이토의 지나론과 궤를 같이하면서『지나론』의 속편격인『신지나론』이 출간되기 4년 전에 이미 일본에서는 지나학이라는 명칭을 가진 학술잡지가 등장하는데『지나학(支那學)』이 그것이다. 어떤 측면에서는 공식적으로 이때부터 본격적으로 지나학이 성립되었다고도 볼 수 있다. 물론 나이토가 이 잡지를 통해 활약한 것은 말할 것도 없다.

『지나학』은 아라키 마사지(靑木正兒), 고지마 스케마(小島祐馬), 혼다 나리유키(本田成之) 등 세 사람의 발기인에 의해 1920년 9월에 제1권 1호를 발행하였다. 그 뒤 교토대학 지나학회(支那學會)의 기관지 성격을 띠면서 계속 간행되었고 일본의 패전 후인 1947

년 8월 제12권 5호로 폐간되었다. 초기의 잡지를 보면 나이토는 물론이고 가노 나오키(狩野直喜) 같은 교토대학의 지나학 연구자를 위시해서 앞서 열거한 세 사람 외에 이시하마 준타로(石浜純太郎), 스즈키 도라오(鈴木虎雄), 유아사 렌손(湯淺廉孫), 다케우치 요시오(武內義雄), 간다 기이치로(神田喜一郎) 등의 이름이 매호 목차에 등장하고 있다. 여기에서 근대 일본의 대표적인 학술 담론으로 지나학을 형성시킨 인물들의 이름을 확인할 수 있다.[11] 그리고 이와 때를 같이하면서 지나학의 명칭을 가진 자료집과 단행본 및 논문이 차례차례로 등장하기 시작하는데, 바로 1920년부터 1950년까지가 지나학의 성립과 발전 시기인 것이다. 아래의 표는 1920년부터 1950년까지 일본에서 간행된 지나학 명칭을 가진 자료들이다.

〈표1〉 '지나학' 관련 도서목록(1920~1950)[12]

1. 『支那學說林』, 神田喜一郎 著, 出版地不明, 出版者不明, 1934. 11.

2. 『支那學入門書略解』, 長澤規矩也 編, 新訂補修版, 東京: 文求堂, 1948. 6.

3. 『支那學研究』, 斯文會 編; 第1編-第4編, 東京: 斯文會, 1929~1935.

4. 『支那学の問題』, 吉川幸次郎 著, 東京: 筑摩書房, 1944. 10.

5. 『支那詩論史』(支那学叢書; 第1編), 鈴木虎雄 著, 京都: 弘文堂書房, 1927.

6. 『支那學入門書二種』, 北京: 今關研究室, 1924. 3.

7. 『支那學整理案三種』, 北京: 今關研究室, 1923. 11.

8. 『現代日本に於ける支那學研究の實狀』, 中村久四郎 著, 東京: 外務省文化事業部, 1928.

9. 『支那學入門書略解』, 長澤規矩也 編, 東京: 文求堂書店, 1930. 5.

10. 『支那學入門書略解』(新訂版), 長沢規矩也 著, 東京: 文求堂書店, 1940. 7.

11. 『支那學文獻の解題と其研究法』, 武田熙 著, 東京: 大同館, 1931. 2.

12. 『支那學論攷』, 石濱純太郎 著, 大阪: 全国書房, 1943. 7.

13. 『益々旺んならんとする歐米に於ける支那學』, 佐伯好郎[述], 東京: 國民文庫刊行會, 1924. 3.

14. 『支那に於ける支那學の現状と動向』(東亜研究講座 第63輯), 長瀬誠 著, 東亞研究會, 1935. 6.

15. 『支那學論叢: 高瀬博士還曆記念』, 高瀬博士還曆記念會 編, 東京: 弘文堂書房, 1928. 12.

16. 『支那經學史論』(支那学叢書; 第3篇), 本田成之 著, 東京: 弘文堂書房, 1927. 11.

17. 『支那學論叢』(内藤博士還曆祝賀), 羽田亨 編纂, 京都: 弘文堂, 1926. 5.

18. 『支那文化と支那學の起源: 支那思想のフランス西漸』, 後藤末雄 著, 東京: 第一書房, 1939. 1.

19. 『支那學研究法』, 武内義雄 著, 東京: 岩波書店, 1949. 1.

20. 『支那學論叢』(狩野教授還曆記念), 鈴木虎雄 編, 京都: 弘文堂書房, 1928. 2.

21. 『支那學文藪』, 狩野直喜 著, 京都: 弘文堂書房, 1927. 3.

22. 『支那學雑草』, 加藤繁 著, 東京: 生活社, 1944. 11.

이 시기를 전후로 하여 지나와 관련된 자료는 이보다 훨씬 많았다는 것을 언급해 두고 싶다. 이렇게 20세기 초엽 일본에서는 지나와 지나학에 대한 관심이 뜨거웠고, 그것은 초기의 정치적 담론으로서의 지나학에 그치지 않고 서서히 학문적 관심으로 이어져 전후(戰後)의 중국학 혹은 동양학으로 발전했던 것이다.

나이토의 『지나론』과 『신지나론』의 경우도 이러한 시류를 이끄는 초기 단계의 원동력으로서 일본 지나학 형성에 많은 기여를 하게 되었다고 볼 수 있다. 나이토의 지나론이 타자 내지는 타국(타국민)에 대한 폄하와 멸시 및 부정적인 정치적 언설로 가득한 지나학이었다는 점을 생각해보면 초기 일본 지나학의 성격이 어떠했는지도 자명해진다. 다음 장에서는 보다 상세하게 나이토의 중국론과 새로운 중국론의 사유구조가 어떠했는지를, 즉 당시의 용어인 지나론 및 신(新)지나론의 사유구조가 어떠한 양상을 보이고 있었는지에 관해 살펴보기로 한다.

제국 지식인의 패러독스와 역사철학

제2장 중국론과 새로운 중국론

1. '지나론'의 사유구조

나이토의 중국론은 일종의 정치적 담론이다. 정치적 담론의 가장 중요한 특징은 시국론(時局論)이다. 따라서 격변하는 중국의 정치적 상황을 다룬 시국론으로서의 『지나론』과 『신지나론』은 정치적 색채를 강하게 띠지 않을 수 없었다. 그럼 나이토가 정치에 관심을 기울이기 시작한 것은 언제부터일까. 도나미 마모루(礪波護)의 경우는 나이토의 정치 지향적 태도의 원인을 부친에게서 찾고 있다.

도나미의 견해에 의하면 아키타(秋田)사범학교에 입학할 무렵의 나이토는 자작의 한시(漢詩)나 작문을 부친에게 보내 첨삭을 청하거나 부친의 지시에 의해 라이 산요(賴山陽)의 『일본정기(日本政記)』를 구입해서 숙독했다고 하는데, 그러한 과정을 통해 정치에 관심을 가지게 되었다는 것이다. 여기에는 부친의 현실 정치에 대한 관심이 있었고, 마침 『아키타일보(秋田日報)』의 주필을 담당하고 있던 이누카이 쓰요시(犬養毅, 1855~1932)의 개진당(改進黨)에 나이토 자신이 입당했다는 일화도 관계 있을 것이라고 도나미는 주장한다.[13] 결국 나이토의 정치 관심과 정치 지향적 태도는 부친에게서 물려받은 것으로 추론하는 것이다. 이와 같은 현실 정치에 대한 관심은 저널리스트로서 발전하는 데 기여했을 터이고, 학계에 진입한 뒤에도 변하지 않았으며 그 연장선상에서 『지나론』과 『신지나론』이 탄생한 것이라 볼 수 있다. 당시 동아시아 지역은 유사 이래 최대의 격동기를 맞이하였다. 서구 제국주의의 동아시아 진출, 일본의 조선 강제병합(1910), 중국에서의 신해혁명(1910), 발발과 원세개의 왕정복귀(1912), 제1차 세계대전(1914), 일본의 21개조 요구(1915) 등등 동아시아 지역뿐 아니라 전 세계적으로 혼란과 전쟁의 소용돌이 속에 놓여 있었다. 바로 이와 같은 혼란과 격변의 시기에 『지나론』이 출간된 것이다. 더 구체적으로 보면 『지나론』의 연술(演述)은 1913년 11월과 12월에, 속기록의 정정은 1914년 1월부터 2월에, 「자서(自敍)」는 3월 12일에 쓰여졌다.[14] 이 「자서」 작성 당시의 심경에 관하여 나이토는 수년 후에 다음과 같이 말한 적이 있다.

> 내가 국가로서의 지나(支那)를 비관적으로 본 것은 오늘 막 시작된 일이 아니다. 원세개가 제정(帝政)의 야심을 넌지시 비치기 시작했을 무렵, 즉 공공연한 야심을 적나라하게 피력했을 무렵, (나는) 이와 동시에 지나가 각성하지 않으면 열국(列國)의 공동통치를 받아야 할 운명에 기울어져 있음을 극론하였는데, 지나인의 악감(惡感)은 물론이고 일본인의 반대 목소리마저 불러일으켰다.[15]

나이토의 이와 같은 고백은 그 자신만이 중국의 미래를 객관적으로 예상하고 있다는 자신감이 가득한 뉘앙스를 풍기고 있다. 더

제국 지식인의 패러독스와 역사철학

욱 주목할 것은 '열국의 공동통치'라는 부분인데, 중국의 미래는 열국의 공동통치가 행해져야 한다는 논리이다. 즉 『지나론』의 시각은 어디까지나 당시의 중국 정치 현실을 간파한 뒤에 그 결론으로서 열국의 공동통치가 행해져야 한다는 제국주의적 담론이었다. 이는 곧 중국은 통치력이 없기 때문에 국제적으로 공동으로 관리해야 한다는 '지나 국제관리론'이기도 하였다. 아래의 글이 이에 대한 논증인데, 나이토는 1921년 11월 17일부터 23일까지 『오사카 아사히신문』에 게재한 논고에서 다음과 같이 말한다.

몽고인이나 만주인(滿州人)이나 처음에는 지나인에 비하면 모두 적당한 통치력을 갖고 있었다. 이 때문에 정치적으로 지나를 지배하기에 이르렀고, 원조(元朝), 청조(淸朝)에 있어서 지나인이 정치권력을 이민족에게 빼앗겼다고 하는 것은 반드시 슬퍼해야 할 일이라고는 말할 수 없다. 오히려 지나인은 자국민의 시대 현상으로부터 말하더라도 장차 발전시키고자 하는 신문화, 즉 전적으로 예술과 같은 것에서 힘을 얻을 수 있기 때문에 자신들에게 부적당한 정치 사업을 타민족에게 양보하여 그 힘든 일을 부담시켰다고 해야 할 것이다. 현재 언급되고 있는 '지나 국제관리론'도 이러한 의미에서 고찰해야만 할 것이고, 지나인에게 가장 부적당한 정치 · 경제상에서의 일은 타국민이 대신하여 관리하고, 고유의 지나 국민은 대개 고등한 문화, 즉 취미적인 산물인 예술을 완성하고자 하는 경로에 있다고 해야 할 것이다.[16]

나이토의 이 글에 의하면 중국은 정치적으로 지배를 당해도 전혀 슬퍼해서는 안될 일이며, 정치적으로 미숙한 중국이 역사적으로 이민족의 지배하에 놓인 것도 당연하다는 논리를 전개한다. 중국인은 문화적으로 예술에 적당하지, 정치·경제 방면에서는 무능하기 때문에 외부의 다른 나라에게 통치를 맡겨야 한다는 과감한 발언까지 거리낌 없이 하고 있는 것이다. 여기에는 또 '열국 공동 통치론'에서 더 나아가 어떤 한 외부의 국가가 중국을 통치해야만 한다는 암시를 가감 없이 표현하고 있는데, 그 어떤 외부의 국가는 다름 아닌 자국 일본이었다. 이처럼 나이토의 중국론에는 제국주의적 야심이 넘쳐나고 있었다. 제국주의는 사실 특정 국가가 다른 나라, 지역 등을 군사적, 정치적, 경제적으로 지배하려는 정책, 또는 그러한 것을 목적으로 하는 이념이나 사상을 가리킨다. 그렇다면 나이토의 이 발언은 제국주의적 야욕을 그대로 드러낸 자신의 이념이자 사상이라 할 수 있을 것이다.

이제 나이토의 가장 핵심적 중국론이라 할 수 있는 『지나론』의 전체 구성 체계를 살펴보도록 하자. 『지나론』은 서언(緒言)을 제외하고 총 5장으로 구성되어 있다.[17]

제1장 「군주제인가 공화제인가」는 지나의 근세가 어느 때부터 시작되었는지에 관해 논의를 시작하여 귀족정치와 명족(名族), 가족제도, 무인의 발흥과 명족의 쇠멸, 군주 신료 지위의 변화 등에 관하여 논하고 있다. 제2장은 「영토 문제」를 다루고 있는데, 여기에서는 이종족(異種族) 통치 문제에 주목하여 중국 역사 속의 영토 문제를 서술하고 있다. 제3장에서 제5장까지는 「내치 문제」에 관한 내용으로서 나이토가 가장 중시한 것은 지방정치와 재정이었는데, 중국의 지방 행정제도를 등급이 과다한 제도로 평가한다.

제국 지식인의 패러독스와 역사철학

결국 『지나론』은 나이토가 1914년을 전후한 시점에서 목격한 중국 정치상(像)의 표현이며, 역사와의 관련을 통해 현재의 모습과 과거의 모습이 중층적으로 묘사된 중국 역사상(像)의 표현이기도 하였다. 나이토는 본격적으로 『지나론』의 본론으로 들어가기 전에 그 「서언」 속에서 당시 중국의 급변하는 모습을 '주마등'에 비유하여 표현하고 있다.

> 지나의 시국은 주마등처럼 급전(急轉)하여 변화하고 있다. (……) 본래 지나인은 절제와 절개가 없고, 형편이 되는대로 세력에 부화뇌동하고 일정의 주장을 결여하면서 시종일관 마음이 흔들리고 부글부글 끓기만 하여 (……) 지금 세력의 중심이 된 원세개 그 사람에게도 특별히 일관된 정책이 없다.[18]

여기에서 눈에 띄는 것은 당시 중국의 시국이 급변하고 있다는 표현이 아니라 중국인은 절제와 절개도 없고 대충 되는대로 살아간다는 식의 단순 논리와 중국인들은 자기주장도 없고 항상 흔들리고 들썩이는 마음을 지니고 있다는 표현이다. 과연 나이토의 이 표현이 학술적인 의미를 지니고 있는 것일까. 이것은 냉철한 분석이기보다 감성적 측면에 기울어진 평가라 할 수 있다. 또 신해혁명의 주역들을 몰아내고 정권을 잡은 원세개를 일관된 정책도 펴지 못하는 정치가로 저평가하고 있다는 점도 눈에 띈다. 사실 이 글에서 문제시되는 것은 그 전제로서 깔고 있는 중국인과 중국 정치지도자에 대한 폄하와 감정적 부정이다.

이렇게 할 경우 『지나론』은 시작부터 중국이 멸시의 타자로 등장함으로써 부정적으로 인식될 수밖에 없는 사유구조를 형성한다. 그리고 이 전제하에서 『지나론』의 본론이 서술되었고 이 책에 일관하는 사유 양태가 중국에 대한 불신과 멸시였다는 것을 쉽게 간파할 수 있다. 이러한 나이토의 사유 양태는 『지나론』이 간행되고 정확히 10년 뒤에 나온 그 속편에서도 일관되게 나타나고 있다. 즉 중국인들은 자신의 역사와 문화조차 이해 못 하는 아둔한 사람들이라고 묘사한다.

최근의 지나(支那)의 신인(新人)들은 역사 지식이 없기 때문에, 과거 지나의 폐해를 모르고 그 장점도 모른다. 단지 선악에 그치지 않고 지나의 모든 문화를 파괴해버리고, 서양문화를 잘라내 붙이려는 생각이 많으며, 그것을 가장 진보한 의견으로 생각한다. 그 결과는 실행이 불가능하다고 할까, 아니면 실행한다 하더라도 다시 지금까지의 폐해보다 더한 폐해를 생기게 하는 데 지나지 않는다. 그러한 것은 제1기 혁명 이후 오늘에 이르기까지 지나의 개혁론을 목격하고 지나의 긴 역사를 연구한 외국인들이 오히려 정확한 의견을 갖고 있다.[19]

사실 중국인들에게 역사 지식이 없다고 무시하는 식으로 단언하는 나이토의 이 표현은 오늘날의 시점에서도 객관적으로 받아들이기 힘들다. 또 이런 발언의 대상자로서 당사자인 중국인들이 직접 듣게 된다면 오만불손하다고 여길 것이고 불쾌하기 짝이 없을 것이다. 이것이 과연 학술적 담론으로 가능한 얘기일까. 그것은 그렇다 치고 마지막 부분에 보이는 중국의 역사를 가장 잘 아는

'외국인'은 누구를 의미할까. 당연히 나이토 자신이다. 타인이 보기에 오만함과 자만심으로 비칠 만큼의 포부와 자신감은 어디에 근거를 두고 있는 것일까. 너무도 단순 논리에 의거한 서술이라는 것을 쉽게 짐작해 볼 수 있다. 그의 지나론은 이렇게 편협한 시각에 바탕을 둔 저작이라는 점과 단순 논리의 사유구조에 바탕을 두었다는 점에 주의하지 않으면 안 된다.

한편 이러한 사유구조는 『지나론』의 「자서(自敍)」 속에서도 여실히 드러난다. 중국 향촌사회의 부로(父老, 향리에서 나이가 많은 어른 혹은 향리의 실질적 지도자)들에 관하여 다음과 같이 논평하고 있다.

부로(父老)가 된 자들은 외국에 대한 독립심 애국심 등을 각별히 중시하고 있지 않다. 향리(鄕里)가 안전하고 종족이 번영해서 그날 그날을 즐겁게 보낼 수 있다면, 어느 나라 사람의 통치 아래서도 유순하게 복종한다. 장발적(長髮賊) 이충왕(李忠王)을 관군(官軍)에게 밀고한 자는 향인(鄕人)들에게 타살되었다. 지나(支那)에서 생명이 있고 체통이 있는 단체는 향당(鄕黨)과 종족 이상에서는 나오지 않는다. 이러한 최고 단체의 대표자가 부로이다. 원세개(袁世凱)는 어쩌면 이러한 부로들 위에서 성공한 대총통으로서 지나의 국민을 도통정치(都統政治)로 이끌어 계승한 큰 인물일지도 모른다.[20]

중국의 역사는 황제전제(皇帝專制)로 표현되듯이 표면적으로는 중앙의 권력이 세다고 이해하고 있지만, 실은 그렇지 않았고 송대 이후 특히 명대 이후에는 지방의 세력이 강하였다. 거기에는 명대에 등장한 향신층(鄕紳層)의 존재가 있었기 때문이다. 이들은 지역에 거주하는 지식인층으로서 대개가 유교적 교양을 지닌 사대부 계층이었다. 나이토의 말을 빌리자면 "지나의 국수(國粹)라고도 해야 할 학문 예술을 담당한" 자들이었으며, '가장 진보된 계급'이었다. 나이토가 이 글에서 말하는 부로의 의미는 바로 그러한 유교적 교양을 몸에 익힌 로컬 엘리트(지방 지식인)였다는 사실이다.

그런데 나이토가 어떠한 근거를 가지고 이러한 부로들을 폄하하는지는 이 글에서 보는 한 그다지 상세한 논증이 보이지 않는다. 그는 당시 중국의 사회구조를 분석하면서 지방에서 부로들이 주도적 역할을 담당하고 그 토착세력으로서 존재한다는 것을 직시하고 있다. 이것은 나이토의 향단론(鄕團論)이라 할 수 있으며 그의 눈에 비친 부로들의 정치적 성향은 "어느 나라 사람의 통치 아래서도 유순하게 복종"하는 것이었다.

이것을 좀 더 생각해보면 일본이 통치하더라도 유순하게 복종한다는 논리와 연결될 수 있다. 즉 작금의 중국 사회가 향당이나 종족사회로 묘사되고 이 단체의 대표자는 부로이며 나이토는 이 세 가지의 기능을 모두 부정적으로 평가하고 있다. 따라서 이 글은 그러한 기반 위에서 성립한 원세개 정권도 문제가 있다는 암시를 주고 있다. 이와 같이 나이토의 부분적 언설들을 살펴보면 그 전제에는 항상 느슨하고 정체된 중국상이 존재하며, 그곳에 있는 모든 사람은 마치 미개한 문화권에서 생활하는 인물로 그려지고 멸시의 대상이 된다.

그것은 역설적으로 젊고 건강한 자국 일본의 문화를 자부하는 궤변이기도 하였다. 나이토의 궤변은 일견 그럴듯해 보인다. 하지만 중국에 대한 이미지 묘사에서 비약과 허점이 많다. 논리적으로 정확한 것같이 보이면서도 실은 논리적 법칙에 위반되는 논법이다. 중국의 역사와 현실을 날카롭게 통찰하는 듯한 이론을 정립했지만, 거기에는 선입견과 편견이 전제되어 있다. 이 궤변은 애매한 전제 및 객관적 사실과 배치되는 심리적 정감을 이용해서 진실하지 못한 결론을 이끌어내는 제국주의 논리의 전형적 수법이다. 그런데 대개 그렇듯이 상대방은 그것을 거짓이라고 생각하면서도 쉽사리 반박하지 못한다. 이것이 궤변의 특징이다. 현대 국제관계의 실상을 들여다보면 이와 같은 경우가 허다하다. 평화를 위해 전쟁을 벌인다느니, 자국민의 안전을 도모하기 위해선 어쩔 수 없이 선제공격해야 한다느니, 악을 무찌르기 위해선 어떤 수단도 무방하다느니, 대를 위해선 소를 희생해야 한다느니 하는 것 등도 생각해보면 궤변 중의 궤변이다. 『지나론』과 『신지나론』은 바로 그와 같은 타자에 대한 멸시와 폄하의 궤변적 사유구조가 그 배경에 있었던 것이다.

2. '신지나론'의 사유구조

『지나론』과 궤를 같이하는 나이토의 『신지나론』의 구성 체계를 살펴보면 대략 다음과 같다. 전체 6장으로 되어 있는데, 제1장은 「지나 대외관계의 위험―파열은 일본에서 시작되다」, 제2장은 「지나의 정치 및 사회조직―그 개혁의 가능성」, 제3장은 「지나의 혁신과 일본―동양문화중심의 이동」, 제4장은 「자발적 혁신의 가능성―군사 및 정치, 경제」, 제5장은 「지나의 국민성과 그 경제적 변화—과연 세계의 위협이 될 것인가」, 제6장은 「지나의 문화 문제—신인(新人)의 개혁론의 무가치」이다.[21] 이 저작은 말할 필요도 없이 정치적 제국주의적 담론의 양상을 더한층 노골적으로 드러낸 나이토의 중국상(像)이자 동아시아 표상의 총체적 산물이다. 이 저작 또한 전편『지나론』의 문맥에 나타난 패러독스로 가득한 궤변의 연속이다.

고야스 노부쿠니(子安宣邦)는 나이토의『지나론』과『신지나론』의 성격에 관하여 "지나인을 대신해서 지나를 위해서 생각"했다는『지나론』과 달리『신지나론』은 '일본과 지나의 관계'를 축으로 서술하고 있다고 말하면서 후자에는 전자보다 훨씬 더 노골적으로 중국에 관여하는 나이토의 입장이, 또는 중국에 대한 그의 표상 시각의 양태가 잘 나타나 있다고 말한다.[22] 사실 고야스의 지적은 물론이고 나이토의『지나론』과『신지나론』에 대해서는 후대 일본의 비판적 지식인들이 지적하는 바와 같이 일종의 편협한 사유구조가 내재되어 있다. 그것도『지나론』이 완성된 후 10년이 지난 1924년에 출간된『신지나론』에서 더욱 세련된 형태로 등장한 것이다.

이 무렵 이미 나이토는 저널리스트로서의 면모는 사라지고 교토대학에서 동양사학자로서의 입지를 공고히 해 나가는 시기였다. 하지만『지나론』의 사유구조에 깊숙이 흐르고 있는 중국 폄하와 멸시의 태도는 여기에서도 전혀 변하지 않았다. 거기에 더해 보다 노골적으로 당시 중국의 정치 사회 조직을 부정적인 시선으로 바라보았다. 그는 중국 사회를 분석하면서 다음과 같이 말한다.

지나의 사회라는 것은 일종의 안정성을 가지고 있고, 적화(赤化) 선전 등이 수년 동안 빈번히 시도되었지만 어떤 효능도 없었다. 그 것은 지나에 현저히 나타나는 면역성이 있기 때문이며, 이 뿌리는 매우 깊다.[23]

근대의 상징인 변화와 진보라는 용어보다는 변화에 둔감한 '안 정성' 및 '면역성'을 중국 사회의 특성으로 파악하면서 이 전통이 매우 뿌리 깊음을 지적하고 있는 것이다. 나이토는 1919년 중국에 서 발발한 반제국주의 운동이자 신민주주의 혁명운동인 5·4운동 의 거대한 변화를 직접 목격했으면서도 이러한 새로운 변혁과 변 화의 바람에는 눈길도 주지 않는다. 오로지 중국 사회의 어두운 면만을 부각시키기에 급급하였다. 이것이 『신지나론』을 관통하는 주된 사유구조였다. 그는 역사적으로 지속된 중국의 어두운 사회 현상을 다음과 같이 말한다.

소위 자치(自治)는 정객(政客, 즉 정치인) 계급의 자치이지 향단 (鄕團)의 자치가 아니다. 지나 민정(民政)의 진정한 기능은 지금도 향단자치(鄕團自治)의 상태에서 나타나야 할 것이며, 그 이상으로 정비된 기관(機關)을 정객의 손으로 만들어내는 것은 거의 불가능 하다. 지나는 결국 정객의 시끄러운 논의만 두려워하지 않는다면, 공동 관리를 하는 그 밖의 어떤 통치 방법을 취하든 향단자치만 깨 지지 않으면 지나 전체의 안전을 해치는 일은 없을 것이다.[24]

당시 중국 각지에서 정객(정치인)들이 근대 국가적인 '연성자치

(聯省自治)'에 관한 논의를 진행하는 상황과 이러한 시도의 실패를 눈여겨본 나이토는 국가의 존립과 무관하게 존속되어온 향단 조직을 견고한 성벽처럼 묘사하고 있는 것이다. 이는 변혁 가능한 중국이 아니라 정체된 중국의 어두운 면을 발견한 나이토의 부정적 중국관이었다. 나이토는 가령 국가를 여러 외국이 공동으로 관리하며 통치하더라도 향단자치로 구성되는 중국 사회의 실질은 언제나 예전과 같을 수 있다고 말하고 있는 것이다.[25] 이 글에 뒤이어 나이토는 중국에서의 새로운 근대 변혁운동의 가능성을 완전히 부정한다. 중국 스스로의 힘으로는 변혁 자체가 어렵다고 하는 인식이다.

이렇게 지나의 정치라는 것과 사회조직은 서로 관계를 갖고 있지 않은 지 오래되었다. 때문에 오늘날 지나인들이 진정으로 민중운동을 일으킨다든지, 국민의 공분(公憤)이라든지 하는 사태가 밑바닥에서부터 일어날 리가 없다. 오늘날 그런 형식을 취한 사태가 있다면 그것은 결국 거짓 선동으로 일어난 것이라 판단해도 틀림이 없다.[26]

이 글의 바로 앞에서 나이토는 먼저 중국의 사회조직을 향당(鄕黨)과 종족 및 가족제도로 파악하면서 그 밑바탕에 유교의 존재를 언급한다. 이는 결국 변하지 않는 중국사회의 둔탁함을 에둘러 표현한 것이라 할 수 있다. 따라서 이 글에서 나이토는 민중의 변혁운동도 불가능하게 만들어버리는 중국 사회만이 가진 둔중하고 정체된 불변의 법칙과 실체를 중국 이미지로 인식하여 부정적

제국 지식인의 패러독스와 역사철학

으로 표상하고 있다. 동아시아의 전통 대국인 중국이 늙고 병들어 아직도 낡은 문화 속에 빠져 잠들어버린 상태의 이미지인 것이다.

이렇게 『신지나론』의 사유구조는 중국에 대한 역설적 폄하 및 부정적 시선으로 가득하다. 제2장에서 더욱 상세히 다루겠지만, 『신지나론』에서 주목해야 할 나이토의 사유구조는 그의 대표적 사학 이론이자 문화사 이론으로 알려진 '문화중심이동설'이 일본 문화 우월성을 자부하는 이론으로 점철되어 있다는 점이다.

그는 『신지나론』의 제3장 「지나(支那)의 혁신과 일본」에서 「동양문화중심의 이동」이라는 부제를 달고 문화중심이동설에 관하여 자신의 논지를 전개한다. 여기에는 동양문화의 중심지가 항상 새로운 지역으로 이동하며 이전의 중심지들의 문화 수준을 능가하는 의미가 내재되어 있고, 결국 지금의 문화중심지는 일본이라는 곳으로 귀결된다. 그는 다음과 같이 말한다.

한대(漢代)까지는 황하(黃河) 유역에 문화중심이 있었는데, 삼국(三國) 이후에 점점 남쪽으로 이동하여 지리상의 관계, 지리에 대한 인력(人力)이 더해진 관계, 예를 들면 대운하(大運河)와 같은 것에 의해서도 그 중심의 이동이 영향을 받아 근래까지도 점차 동쪽으로 동쪽으로, 또한 남쪽으로 기울어져 개척되어 옴으로써 남송(南宋) 이후 더더욱 문화가 동남(東南)으로 기울어져 근래는 대체로 대운하를 따라서 위치한 지방에 중심이 있게 되었다. 그리고 그들 지방 문화가 과도하게 난숙(爛熟)해지자 이번에는 종래 전혀 개발되지 않았던 지방이 개발되어 운남(雲南) 혹은 귀주(貴州)라는 지방에까지 문화가 파급되는 양상이 되었다. 그 가운데 중심이 된 지방은 당대(唐代)까지 아직 하남(河南) 섬서(陝西) 지방이었는데, 송대(宋代)와 원대(元代)에는 직예(直隸) 및 하남(河南)의 동부로 이동하였고 그 후 명대(明代)가 되어 강소(江蘇) 절강(浙江) 지방이 전성기를 맞이하였으며, 최근 외국과의 교통이 활성화되고 나서부터는 거의 광동(廣東)에 그 중심이 옮겨지려 하고 있다. 강소 절강 지방은 지나의 상고(上古) 때에는 순수한 지나인으로부터는 완전히 이적(夷狄)으로 보인 땅이었는데, 하물며 광동 등은 극히 최근의 시대까지도 거의 외국인 취급을 받았던 곳이다. 그런데도 문화중심의 이동으로부터 보면 오늘날에는 강소 절강 지방이 전성기가 되었고, 게다가 광동이 전성기를 맞이하게 되었어도 그것에 의문을 품는 지나인(支那人)이 없어진 상태이다.[27]

나이토는 문화중심이동설을 주장하면서 그 문화중심지의 대부분을 중국의 여러 지방으로 규정하고 있다. 또 그는 후대에 개발된 지역들 가운데 광동 지방은 중국이기는 했지만, 이전에 야만이나 이적으로 간주되었던 곳임을 강하게 지적한다. 사실 운남이나 귀주 및 광동 등은 지금도 중국의 소수민족이 가장 많이 살고 있는 지역이기도 하다. 그런데 이 글을 자세히 살펴보면 어떤 암시가 들어 있다. '문화중심이동'의 키워드는 동양문화와 중심이동이라는 것은 명백하다. 동양문화는 곧 중국문화이며 이 점에 대해서는 나이토도 의문을 제기하지 않는다.

즉 '동양문화=중국문화'라는 등식을 나이토는 설정한다. 그는 일본이 중국문화를 받아들였다는 것에 대해서도 인정하면서 문화의 중심이동이 동쪽으로 이동했다는 점에 착안하였고, 이제 동양

제국 지식인의 패러독스와 역사철학

문화의 중심이 일본에 있다고 주장한다. 결국 나이토가 그와 같은 장황한 전제와 설정을 하고 중국인을 폄하한 것은 일본의 우월성, 그것도 문화적 우월성을 주장하기 위함이었다는 것을 간파할 수 있다. 이어서 그는 노골적으로 일본인과 일본문화의 우수성에 관해 문화중심이라는 키워드를 사용하여 다음과 같이 기술하고 있다.

문화중심의 이동은 앞에서도 서술했다시피 국민의 구역(區域)에 개의치 않고 진행해간 것이기 때문에 지나문화(支那文化)를 받아들임에 있어 광동(廣東)보다도 결코 늦지 않았던 일본이 오늘날에 있어서 동양문화의 중심이 되고자 하여 그것이 지나의 문화에 있어서 하나의 세력이 되었다고 하는 것은 어떤 불가사의도 없는 일이다. 일본은 오늘날 지나 이상의 훌륭한 강국(強國)이 되었기 때문에 일본의 융흥에 대해서 지나인(支那人)은 일종의 의심의 눈초리로 바라보게 되었지만, 만일 어떠한 사정으로 일본이 지나와 정치상 하나의 국가를 형성하게 되었다고 한다면 일본으로 문화의 중심이 이동하고 일본인이 지나의 정치·사회 분야에서 활약하더라도 지나인은 각별히 불가사의한 현상으로서 보지 않을 것이다. 그것은 옛날 한대(漢代)에 있어서의 광동인(廣東人)처럼 안남인(安南人, 베트남인)에 대한 당시 지나인의 감정으로부터 추측하더라도 알 수 있는 일이다. 동양문화의 진보·발전으로부터 말하면 국민의 구별이라는 것과 같은 일은 작은 문제이다.[28]

나이토의 이 발언은 다이쇼(대정, 재위 1912~26) 후기, 중국에서 배일(排日) 운동이 점차 고조되어 가던 당시의 중일 관계를 그 자신의 동양문화사관, 중국문화의 주변으로의 파급과 그 반동이라는 독자적 문화사관에 의해 설명하고 정당화하고자 했던 것이다. 여기에도 명료하게 나타나 있는 바와 같이 그의 문화사적 관점에서 보면 동양문화의 발전이 주된 관심사이며 거기에는 민족의 구별이 소멸되어 버린다.[29] 이렇게 볼 때 어느 누구라도 쉽게 간파할 수 있는 하나의 논리가 도출될 수 있다. 즉 문화중심이 이제 동쪽으로 이동하여 동양문화의 중심이 일본에 있고, 일본은 이미 강대국으로서 융흥의 기운을 맞이했으며 만일 중국과 하나의 국가를 형성한다고 해도 중국인은 전혀 개의치 않을 것이라는 이야기이다. 또 이렇게 해야만 동양문화의 진보·발전이 되며, 이를 위해서는 국민 혹은 민족의 구별이 중요하지 않다는 논리이다. 마치 태평양전쟁 때에 대동아공영권을 외치던 일본 제국주의의 망령이 이미 그 서막을 여는 듯하다. 또 이러한 그의 생각이 『신지나론』의 사유구조를 형성하고 있었던 것이다.

제국 지식인의 패러독스와 역사철학

제2부
중국 인식의 양상과 문화사관

어느 한 시대를 살다간 지식인들의 사유 양식은 필연적으로 시대 상황과 그 시대가 자의적 혹은 타의적으로 요구하는 시대정신의 제약을 받을 수밖에 없다. 물론 시대를 초월하는 사유 양식을 소유했던 지식인들도 존재했지만, 대부분의 경우 그 시대의 환경에 의해 제약받는다. 역사관 또한 마찬가지이다. 역사관의 한 의미가 사실 혹은 실재로서의 역사를 되돌아보고자 한다면 이 또한 제약이 따른다. 즉 역사관은 각 개인의 사유 방식에 따라 긍정적, 부정적, 비판적, 옹호적 관념 혹은 우연적 내지는 필연적 관념 등과 깊은 연관성을 갖는다. 인간의 사유 방식은 과거와 현재에 존재하는 지식의 총체 및 미래 예측성의 지식 등으로부터 형성되기 때문이다. 더불어 그 역사에 대한 인식이자 관념으로서 기술(記述)로서의 역사에 중심을 둔다면 거기에는 그 사실을 서술할 때의 인식 문제가 필연적으로 대두된다. 실제로 지식인들이 어떻게 그 당시의 시대를 인식하고 판단하느냐에 따라 다양한 역사관과 역사인식이 존재하였다.

한편 우리에게 비극의 역사로 기억되고 있는 일제 강점기, 더불어 이 20세기 전반은 동아시아 세계를 포함하여 아시아 전체가 식민지 제국주의로 점철되었던 뼈아픈 역사의 기억으로 남아 있다. 그럼 그와 같은 전쟁과 식민지 제국주의로 이끌었던 사상적(思想的), 정신적 원인은 무엇이었을까. 거기에는 다양한 원인과 배경이 존재한다. 실제적인 측면은 언급하지 않더라도 정신적인 측면에 주목해 보면 그 배경에는 시대의 지식인을 자처하던 인문학자들의 시대와 역사에 대한 인식이 자리 잡고 있음을 쉽게 간파 할 수 있다. 대표적 사례가 20세기 전반에 활약한 일본의 동양사학자들이다. 그들의 역사인식과 역사관은 제국주의 이념을 정당화하고 체계화하였다. 폄하와 멸시의 타자로서 이웃나라를 평가하고 인식한 결과, 수많은 침략주의 이론의 정당성과 일본의 우월성이라는 에스노센트리즘적 언설들을 쏟아내었다. 그들은 세계사적 보편성이라는 시각은 염두에 두고 있지 않았다. 현상을 쫓고 실질은 고려하지 않은 채, 미개한 타자를 이끌고 인도해야 할 대상으로밖에 인식하지 않았다.

서구 오리엔탈리즘의 망령이 이제 섬나라 일본의 지식인들을 덧씌운 것이다. 그와 같은 역사 인식을 소유한 일본의 대표적 지식인 가운데 한 명이 나이토이다. 그는 일본이 제국주의와 군국주의로 치닫고 있던 시기에 지나론으로 필명을 날리고 일본의 근대 동양사학을 개척한 인물 중의 한 사람이다. 지금도 그의 학설은 영원불변한 망령처럼 동아시아 학계를 뒤덮고 있다. 따라서 제2부에서는 제1부의 연장선상에서 나이토의 동양사관에 주목하여 그의 역사인식에 초점을 맞추고, 당시 그의 중국(=지나) 인식이 어떠한 양상을 띠고 있었는지, 또 그가 주창한 시대구분론과 문화중심이동설의 내재적 의미가 무엇인지를 살펴본다.

　　　　　　　　　　　　　제국 지식인의 패러독스와 역사철학

이를 위해서는 제1부에서의 논증자료였던 『지나론』과 『신지나론』 및 그 밖의 중국 관련 저서, 그리고 그 주변 인물들의 사상 내용을 다시금 살펴보지 않으면 안 된다. 이것들이 바로 나이토의 중국 인식 내지는 중국상이었기 때문이다. 그는 문화라는 코드를 가지고 중국인과 중국문화를 이해하지만, 거기에는 열등한 타자로서의 '지나'라는 이미지가 미리 전제되어 있었다.

　문화의 중심지는 이제 자신이 살고 있는 일본에 있으며, 동양문화의 중심국가로서 일본이 나아갈 길을 제시한다. 그 것은 다름 아닌 침략주의와 군국주의의 길이었다. 그 점은 그가 러일전쟁 무렵 강력한 개전론자였다는 사실만으로도 분명해진다. 또 그것은 경제적 진출로 위장하고 포장한 동아시아 세계로의 제국주의 노선이었다. 그의 문화사관(文化史觀)은 최종적으로 일본이 '중심'이라는 역설과 궤변의 결말을 상정한다. 그의 시대구분론은 그와 같은 맥락에서 문화사관이 내재된 이론이었다. 이에 제2부의 주된 목표는 중국 인식과 문화중심이동설 및 시대구분론이라는 세 가지 틀에 주목하고, 그것들의 내재적 의미가 어떠한 양상을 띠고 있었는지에 관하여 알아본다.

제1장 인식의 양상과 근대 일본의 지나론

1. 열등한 타자로서의 지나

'지나'라고 하면 현대 동아시아 세계에서는 조금 생소한 용어로 들리겠지만, 20세기 전반기 일본에서 중국을 일컫던 가장 일반적 명칭이었다. 즉 20세기 초 일본에서의 지나는 근대 아시아 국가인 자국과 대비하여 과거에 빠져 어려움을 겪고 있는 중국을 가리키는 말로 출현했다고 볼 수 있다.

이와 같은 사례는 근대 일본에서 조센진(朝鮮人)이라고 부른 경우와 유사하다. 사실 조센진은 조선인을 일본어 발음 그대로 표현한 것에 지나지 않지만, 여기에는 조선과 조선인에 대한 경멸과 멸시가 내재되어 있다. 지금 우리 국내에서도 '조선인' 하면 그냥 조선 사람으로 많은 이들이 거리낌 없이 받아들이지만, '조센진'이라고 하면 과거 일본 제국주의 시대의 아픈 기억을 떠올리듯이 심한 거부감을 느낀다.

지나라는 명칭도 그러하였다. 20세기 초엽의 중국인들에게, 또 현재를 사는 중국인들에게 지나는 모멸감을 갖게 하고 제국 일본을 떠올리는 단어이다. 현재의 중국인들은 이 이름을 차별적, 경멸적인 명칭으로 받아들이고 있는 것이다. 그럼 이 지나라는 명칭의 어원은 어떠한 유래를 가지고 있었던 것일까.

지나라는 용어의 어원은 여러 설이 있지만, 중국 명대(明代) 말기 이 지역에 머물던 이탈리아 예수회 선교사 마르티노 마르티니(Martino Martini, 1614~61)의 저작 『새로운 중국 지도(Nuvus Atlas Sinensis)』에서는 중원 초의 통일왕조 진(秦)[병음: Qín, 범어: Thin · Chin, 그리스어·라틴어: Sinae]에서 유래했다고 한다.[1] 마르티니에 의하면 이 진의 명칭이 주변 제국에 전해졌는데, 현재의 인도에서 발음이 변하여 '시나(シナ)'가 되었다. 이것이 일반적인 통설이지만, 전전 일본의 지리학자 후지타 모토하루(藤田元春) 등은 반대설을 주장하였다. 그 제설에 의하면 교역품인 견사(絹絲)에서 유래하는 것, 민족 이름인 '창족(チャン族)' 혹은 '인도에서 볼 때 아주 외진 먼 곳'이라는 뜻에서 왔다고 한다. 또한 이 '시나'의 발음이 서양에 전해져 영어 'China', 프랑스어 'Chine' 등의 어원이 된 것으로 알려져 있다. 2세기 전후에는 인도에서 중국을 가리켜 '지나, 스타나(China, staana)'라고 불렀다. 이 표기에 관하여 서작생(徐作生, 1949~2009)은 1995년에 운남성(雲南省) 서부 도시 '지나성(支那城)'에서 유래한 것이라는 주장을 제기하였다.

한편 그리스에서는 기원 전후부터 중국을 '시나(Θηνα)'라고 불렀는데, 이 또한 진나라에서 유래한다. 여하튼 지나라는 명칭은 중국 춘추전국시대를 종결시킨 진의 통일왕조와 관련이 깊은 것이었다. 지나는 또 중국 수나라와 당나라 시대에 인도 승려들이 산스크리트어로 된 불경을 한문으로 번역할 때 '지나, 스타나(China, staana)'를 음역한 것이었는데, 이때는 지나 외에 진단(震旦), 진단(眞丹), 진단(振丹), 지나(至那), 지나(脂那), 지영(支英) 등으로 표기되었다. 일본에 이 명칭이 전해진 것은 그 후 9세기경으로 한문 불경이 전해지면서 지나(일본어 발음은 시나)라는 말이 함께 전해졌다.

그런데 일본에서는 메이지유신 이후 근대 제국의 형성과 함께 중화사상적 뉘앙스를 풍기는 중국 대신 예전 과거에 잠시 사용되던 지나라는 명칭을 끄집어내어 일반화하였다. 특히 청일전쟁에서 일본이 승리하면서 이 명칭은 점차 쇠퇴해가는 중국을 경멸하는 뉘앙스를 띠게 되었다. 1911년 신해혁명으로 청나라가 멸망하고 중화민국이 성립된 이후에도 일본에서는 중국을 정식 국호인 중화민국 대신 '지나공화국' 등으로 부르는 일이 잦아졌다.

그 경위는 근대 일본정부가 공식적인 국명을 사용하지 않고, 이주인 히코키치(伊集院彦吉) 주청공사(駐淸公使)의 진언에 의한 지나라는 명칭을 채용한 것에서 기인한다. 이는 근대 일본의 대중(對中) 대륙정책이 어떠했는지를 잘 보여주는 사례이고, 중일관계의 불평등함을 의미하였다. 일본정부는 당시 중국정부와 체결하는 조약의 서면 등 정직 명칭을 사용해야만 하는 경우를 제외하고는 이 중화민국 혹은 중국에 대한 명칭을 지나공화국으로 할 것을 결정하기도 하였다.[2] 국가적 차원에서 중국은 철저히 무시되었고, 결국 배타적인 의미로서 지나의 명칭이 공식화되었던 것이다. 이로 인해 중화민국 대신 지나공화국이라는 명칭은 많은 중국인들의 불만을 사기도 하였다. 이후에도 중국인을 '지나인', 중일전쟁을 '일지사변(日支事變)' 혹은 '지나사변' 등으로 표시하는 등 중일전쟁과 제2차 세계대전 기간 중에 나온 일본의 지나 명칭은 다분히 폄하와 경멸의 뉘앙스가 깔려 있었다. 그 일례로 일찍이 제1차

제국 지식인의 패러독스와 역사철학

『골계시국세계지도(滑稽時局世界地図)』

세계대전 중이던 1914년 일본에서 인쇄·출판된 지도 한 장을 유심히 살펴보면 더욱 이해가 될 것이다.

　이 『골계시국세계지도(滑稽時局世界地図)』는 골계라는 단어에서 알 수 있듯이 익살맞고 우스꽝스럽다는 의미로 일종의 풍자화 지도이다. 세계 각국을 동물로 묘사하고 있는데, 한자와 영어 병기로 지나(CHINA)를 살찐 돼지가 안경을 끼고 게슴츠레한 눈으로 청우계(晴雨計, 기상관측용 기압계)를 들여다보고 있는 모습으로 묘사하고 있다. 러시아는 졸린 듯한 눈으로 정신이 몽롱한 상태의 우둔한 곰 한 마리가 담배를 물고 있는 모습으로, 강제병합한 한반도(조선)는 포로로 잡혀 고개를 숙이고 있는 포로병의 모습으로 그려내고 있다. 이에 반해 자국 일본은 허리에 칼을 차고 반도와 대륙을 향해 자신감 충만한 사무라이의 모습으로 묘사하고 있다. 이러한 일반적인 지도 한 장을 보더라도 당시 일본이 중국과 그 주변국을 어느 정도로 무시하고 멸시했는지를 쉽게 간파할 수 있을 것이다.

그리고 제2차 세계대전 후 중국의 명칭은 메이지유신 이전의 일반적 명칭이었던 '중국'으로 복원되었다.[3] 이것은 무엇을 의미할까. 분명 이 용어에는 근대 일본이 중국보다 우월하다는 내재적 의미가 함유되어 있으며, 20세기 초엽 격동의 동아시아 역사가 파노라마처럼 내재되어 있음도 사실이다. 또 그것은 제국주의 야심으로 치닫고 있던 근대 일본이 멸시의 대상으로서 중국을 지칭하던 한시적 개념이기도 하였다.

사실 20세기 초엽의 일본에서 지나에 대한 인식의 양상은 동양사학의 테두리 안에서 부정적 타자의 이미지였다. 표면적으로는 엄격하고 객관적인 사료 비판의 색채를 띠면서 역사학의 객관성과 실증성을 강조하면서도 실제로는 일본 이외의 아시아를 타자화·대상화함으로써 일본의 아시아 지배를 정당화하는 하부 오리엔탈리즘이었다는 것이다.

특히 러일전쟁을 전후로 하여 일본은 한국을 '보호국화'하고 만주지역으로의 진출을 모색하고 있었다. 이 무렵 일본의 역사학자들은 팽창하는 일본 제국주의의 현실적 변화에 맞추어 한국과 일본의 관련성을 부정하고 일본의 독자성을 강조하면서 일본 중심의 역사 인식을 하게 되었고, 한국은 물론이고 중국, 몽골 등 기타 아시아 국가는 타자화·대상화되었다.[4] 현대 일본의 비판적 사상사가 고야스 노부쿠니의 견해에 따르면, "일본과 그 문화가 자립적으로 존립할 수 있기 위해서, 혹은 그 자립적인 존립을 주장하기 위해서 일본은 먼저 중국과 그 문화로부터 스스로 '차이화'

제국 지식인의 패러독스와 역사철학

할 필요가 있었다. 중국과 그 문화에 대한 자기의 이질성을 억지로라도 부각시킴으로써, 즉 중국의 타자화를 강력하게 수행함으로써 일본과 그 문화의 자립적인 존립을 주장할 수 있었던 것이다. (……) 그럼에도 불구하고 부정하고 싶었기에 일본은 중국의 철저한 타자화를 통해 자기 문화의 자립성을 주장할 수밖에 없었다. 중국은 일본에게 너무 거대한 타자였던 것이다."[5] 따라서 나이토에게 있어서 중국과 한국을 포함한 주변 동아시아 국가는 열등한 타자로 부정되어야만 할 대상이었다. 그 가운데 자기 패러독스에 의해 철저하게 무시되어야 할 타자화의 대상은 바로 거대한 중화제국이었던 것이다.

이러한 타자화의 의미는 결국 자국 우월이라는 전제하에 우등 우월의 자기 인식을 바탕으로 열등한 타자의 이미지를 중국을 포함한 아시아 각국에 부여했다는 것에서 찾을 수 있다. 나이토의 경우에도 지나는 저급한 곤충에 비유될 정도로 무지몽매한 집단에 불과하였다. 다시 말해 열등한 타자로서 중국을 묘사한 것이다. 그는 『지나론』의 후속편인 『신지나론』에서 다음과 같이 말한다.

> 지나의 사정은 이와 달리 마치 지렁이와 다를 바 없는 저급한 동물과 마찬가지여서, 일부를 때려서 잘라낸다 하더라도 다른 부분은 그것을 느끼지 못하고 여전히 전과 같은 생활을 계속하는 그런 국가가 되어버렸다.[6]

이러한 나이토의 지나 인식(=중국 인식)은 중국의 사회구조와 그 정황을 지렁이에 비유한 데에 가장 큰 특징이 있다. 즉 중국은 저급하고 지능이 없는 동물과 같기 때문에 외부의 처방책이 필요하다는 논리를 내세운다. 열등한 타자로서 중국을 설정하고 치료의 대상 혹은 임의적으로 상대해도 무방한 하찮은 타자이자 대상으로서 중국을 폄하하고 멸시하는 시각이다. 이와 같은 나이토의 지나 인식은 『지나론』과 『신지나론』을 관통하는 일관된 관념이었으며 일본의 우월성에 초점을 맞춘 당대 역사에 대한 그 자신의 자국 우월주의 인식이었다. 또 그것은 일종의 극단적 독선주의라고도 할 수 있는 것이었다.

그는 또 번역 문제를 언급하면서 일본의 번역 업적을 중국에서도 이용하고 있지 않느냐는 반문을 제기하면서 경제 문제로까지 논의를 전개하고 일본의 역할을 강조한다.

일본의 문화에 대하여 지나인의 시각에서 말해보면 일본에는 고유의 문화가 없고 모두 서양의 번역이라고 할지도 모르겠지만, 여하튼 일본인이 번역한 서양문화를 지나인이 중역(重譯)하여 채용하는 운동이 현재 일어나고 있지 않은가! 또 지나의 학자들이 이러한 것을 싫어하여 서양문화 가운데 번역해야 할 것은 자신들의 손으로 직접 번역해야만 한다고 하여 진력하고 있지만, 대세는 일본으로부터의 중역의 세력에 압도되고 있지 않은가! 이것은 목전의 판단하기 쉬운 예를 들은 것뿐이며 실제로 일본이 지나문화의 발전, 즉 한편에서는 지나의 혁신에 관해 힘을 다해 주어야 할 점은 결코 이 서양문화의 번역에만 의하는 것이 아니다. 일본은 5, 60년 동안의 노력에 의해 서양문화, 특히 그 경제기관(經濟機關)을 움직일 수 있는 훈련을 축적하고 동양에 가장 적합한 형태로 그것을 변

제국 지식인의 패러독스와 역사철학

형시켜 오고 있다. 따라서 때로는 서양문화의 대규모의 것을 소규모로 하거나 훌륭한 것을 보잘 것 없이 볼 수 있는 형태로 변형시키거나 하는 경향이 있지만, 동양에서의 신문화(新文化)는 동양문화의 근간을 완전히 잘라버리고 서양문화를 접목하는 데 있는 것이 아니다.[7]

여기에서 나이토의 관점은 어떻게 보면 간단히 넘어갈 수 있는 것처럼 보이는 언설이다. 하지만 거기에는 심오한 뜻이 들어 있다. 여기에서 우선 눈에 띄는 부분은 당시의 중국이 서양문화의 수용에 있어서 뒤떨어져 있다는 것을 암시하고 있다는 것이다. 그 결과 일본의 번역문화가 중국을 압도하고 있음을 말하고 있다. 하지만 나이토는 단지 서양문화에 대한 번역이 중국보다 낫고 우월하다는 의미를 말하고자 하는 것이 아니며, 그 다음으로 이어지는 글에서 경제기관을 언급한 곳에 주의해야만 한다.

다시 말해 서양의 경제시스템을 일본이 가장 먼저 받아들였고 그 훈련을 축적하여 동양에 맞는 새로운 경제문화를 만들어냈다는 논리이다. 그래서 그의 문화적 사명은 이제 일본의 대륙 진출과 관련을 맺는다. 일본의 중국으로의 경제 진출은 중국의 경제기구를 개혁하고 그것이 동시에 새로운 동양문화를 형성하는 것에 기여하는 것이라고 그는 생각하였다.[8] 그 논증으로서 나이토는 이 글의 뒤에 놓인 부분에서 영국의 중국 진출에 있어서의 문제점을 지적하면서 일본과의 차이점을 언급한다. 이것은 결국 동양에서 일본의 문화는 물론이고 경제 분야에서도 가장 우수하다는 점을 부각시키고 있다는 것과 동일하다.

나이토는 『신지나론』의 제5장 「지나의 국민성과 그 경제적 변화」에서도 중국에서의 일본의 적극적 역할을 다음과 같이 말한다.

지나의 경제조직의 변화는 그 혁신을 촉진하고 또 그 통일을 촉진하여 경제상으로부터 생겨난 일본 지나의 밀접한 관계가 더욱 발전하고 정치 군사의 방면에까지 미쳐 일본인이 지나의 민중을 통솔하고 훈련시켜 구미 제 열강과 맞설 수 있게 된다면······[9]

나이토의 의식 속에서 일본의 존재는 중·일 관계를 염두에 두었을 때 앞에서 이끄는 지도자로서의 이미지밖에 없었다. 중국 민중을 통솔하고 훈련시키는 주체는 일본이며 서양 세력과 맞설 때에도 그 주체는 중국이 아니라 일본인 것이다. 이 글은 가정의 형태로 되어 있지만, 그 가정의 의식 구조는 일본이 중국보다 우월하다는 의식을 암시한 것이며, 다른 한편으로 일본이 서양과 동등하다는 의식을 저변에 깔고 있었다 할 수 있다.

이와 같은 나이토의 중국 인식은 이제 일본의 반(半) 강제적 경제 진출이 중국에 이익을 가져다주었고 그들의 근대화를 도와주는 구원자로서의 위상까지 부여한다. 다음의 글이 그것이다.

북청사변(北淸事變, 즉 의화단 운동)[10]처럼 실제로 병력을 움직인 후에도 그 결과는 항상 양국(중국과 일본)의 경제상의 관계를 개척하여 극히 평화로운 발전으로 향하고 있다. 하물며 러일전쟁에 의해 만주에 병력을 사용한 후의 결과 등은 일본의 경제력이 그 지방에 미쳤기 때문에 대련(大連)항을 지나 제2의 무역항으로 만들

제국 지식인의 패러독스와 역사철학

었던 것이 아닌가. 그것에 의해 만주의 부(富)를 증가시킨 일은 대단한 것이며 일시 병력의 관계를 보고 그것에 동반해 오는 경제상의 보다 큰 관계를 주의하지 않는다는 것은 고의로 일본의 진보를 방해하는 미국인의 의론이라면 모르겠지만, 일본인으로서 그러한 잘못된 견해를 주장하는 무리들은 실로 그 속마음을 알 수가 없다. (……) 지금 일본의 국론(國論)은 자국의 역사와 그 장래에 나아가야 할 길을 잊고 일시 응급의 수단으로 사용되었던 무력을 침략주의라든가 군국주의라든가 말하면서 스스로 이것을 폄하하고 있는 것이다. 게다가 더 나아가 생각해봐야 할 일은 지나의 혁신, 즉 지나의 사회조직에 새로운 생명을 부여해야 할 운동은 일본 이외의 다른 나라에 이것을 요구해 얻을 수 있는가 어떤가라는 일이다. (……)[11]

전쟁에서 승리한 오만한 태도가 이 글에서도 엿보인다. 러일전쟁 승리의 보상으로 얻어 낸 중국 북방의 항구 도시 대련을 자기들 일본이 발전시키고 중국 제2의 항구로 만들었다는 것을 자부하면서 군사적 진출의 정당성까지 말하고 있는 것이다. 이때 열등한 타자의 중국은 나이토의 눈에 들어오지 않고 있으며, 중국은 단지 서구 열강과 군사적으로 승패를 다투면서 차지해야 할 미개척지의 땅으로 전락해 버린다.

또 그 뒤에 이어지는 글에서는 일본 국내 제국주의 전쟁에 대한 비판자들의 논리를 이해할 수 없다고 반박하면서 은연중에 일본 정부의 침략주의와 군국주의 노선을 지지하고 옹호하고 있다. 더 나아가 지나의 발전에 일본은 새로운 생명을 불러일으킬 수 있으며 이러한 과업은 일본이 아닌 다른 서구 열강에 맡겨서는 안 될 일이라고까지 논리를 전개하고 있다.

더 나아가 나이토는 침략주의와 군국주의를 옹호하는 대담한 발언까지 주저하지 않는다. 그는 "……이 커다란 사명으로부터 말하면 일본의 지나에 대한 침략주의 혹은 군국주의와 같은 의론은 전혀 문제되지 않는다. ……"[12]라고 말하고 있는데, 여기에서의 '커다란 사명'이란 지나의 혁신과 동양문화의 발전을 의미하며 그 혁신과 발전을 명목으로 중국에 진출하더라도 문제가 되지 않는다는 의미이다.

그것은 곧 침략의 정당성을 이야기하는 대목이라 할 수 있다. 이처럼 나이토의 눈에는 중국이 열등한 타자로 비치었고 그 열등한 타자를 우수한 일본이 이끌어줘야 한다는 우월의식을 품고 있었던 것이다. 이 오만한 타자인식은 어디에서 유래하는 것일까. 나이토 혼자만의 생각이었을까. 다음 소절에서는 그것이 나이토 개인만의 중국 인식이 아니었다는 점에서 출발하여 당시 일본 국내에 팽배했던 하나의 사조로서 근대 일본의 지나론 열풍을 고찰해 본다.

2. 나이토와 근대 일본의 '지나론' 열풍

나이토가 활약하던 당시 동아시아 세계의 정치적 사건을 살펴보면 일본이 조선을 강제로 병합한 것이 1910년으로 이때부터 조선은 일본의 식민 지배하에 놓인다. 다음 해인 1911년에는 중국에서 신해혁명이 발발하였다. 1912년에는 중화민국이 성립하지만 원세개가 정치적 야심을 품고 등장하여 혁명 후의 정치제도를 해체시킴으로써 전제(專制)로 복귀하였다. 정권을 잡게 된 원세개는

제국 지식인의 패러독스와 역사철학

1913년 11월 국민당을 해산시키고 이듬해에는 국회마저 해산시킨다. 1914년은 제1차 세계대전이 일어난 해이고, 1915년에는 일본이 21개조 요구를 중국에 제시하였다.

20세기 초엽은 동아시아 세계의 혼란기이자 격변기였는데, 이 무렵 일본에서는 지나론 열풍이 불기 시작한다. 하지만 그 지나론은 앞 소절에서도 언급했다시피 열등한 타자로서의 지나에 대한 의론이었고, 철저히 부정적으로 타자화된 지나론이었다. 또 그것은 동아시아 전근대 사회의 상징이라 할 수 있는 중화적인 보편질서에 대한 '해체'로서의 지나론이었다.

나이토는 이와 같은 격변의 시기에 『지나론』과 『신지나론』을 펴냈고 출간되자마자 세인들의 폭발적 관심을 얻게 되었다. 사실 일본 동양사학자들이 당시에 사용하던 이 '지나'라는 용어는 단지 멸시의 대상으로서의 타자인 중국만을 의미하지 않았다. 이 용어는 그들의 동아시아상(像) 혹은 세계상이 깃들어 있다고 할 수 있다.

앞에서도 언급했다시피 나이토의 중국 정치와 중국인에 대한 폄하와 멸시는 사실 『지나론』의 「서언」에서부터 이 책의 내용이 어떠한 인식에 바탕을 두고 집필되었는지를 암시해 주고 있다.

(……) 본래 지나인은 절제와 절개가 없고, 형편이 되는대로 세력에 부화뇌동하고 일정의 주장을 결여하면서 시종일관 마음이 흔들리고 부글부글 끓기만 하여 (……) 지금 세력의 중심이 된 원세개(袁世凱) 그 사람에게도 특별히 일관된 정책이 없다.[13]

여기에서 우선 눈에 띄는 것은 열등한 타자인 중국과 중국인에 대한 평가절하이다. 나이토의 눈에 그들은 절조(節操)도 없고 하루살이마냥 그날그날을 살아가는 무지한 백성들일 뿐이다. 그들은 자기주장이 없고 항상 이리 쏠리고 저리 쏠리며 생명을 연장하는 가련한 존재인 것이다. 게다가 당시 집권하고 있던 원세개에 대해서는 정치가의 자질이 없다는 인식하에 정책의 결여를 지적한다. 마치 자기 자신이 영명하다는 자부심이 지나쳐 자만심으로 느낄 만큼의 표현이다. 오만과 독선, 그리고 편견과 선입견이 이 짧은 글에서도 드러나고 있으며 타자를 열등하다고 하는 자기 우월 의식을 여실히 보여주고 있다. 그리고 이러한 지나 인식은 그의 동양사관을 지배하는 이념이기도 하였다.

그런데 나이토의 이와 같은 중국 인식은 당시 일본 내에서의 중국을 바라보는 지식계의 인식과 맥을 같이하는 것이었다. 『지나론』 출간 이전에 이미 일본 내에서는 중국에 대한 경멸과 폄하의 언설들이 광풍처럼 휘몰아쳤다. 과히 전대미문의 지나론 열풍이 시작된 것이다.

이 책의 제1부에서 잠시 소개했지만, 그것은 지나 분할론과 지나론의 유행이었다. 이와 관련하여 1912년 도쿄 세이쿄샤(政教社)가 출판한 나카지마 단(中島端)의 『지나 분할의 운명』, 다음 해에 도쿄 게이세이샤(啓成社)가 간행한 사카마키 데이이치로(酒卷貞一郎)의 『지나 분할론(支那分割論)』 등이 나이토의 『지나론』 출간에 앞서 세상에 나온 것이다. 『지나 분할의 운명』에서 나카지마 단은 당시의 중국을 '부패하고 타락한 더럽고, 병든 국가'로 묘사한다. 더욱 놀라운 사실은 철퇴를 내려치더라도 중국의 난국을 타개해야만 한다는 주장이다. 또 분열은 중국의 필연적 운명이기에 일본

제국 지식인의 패러독스와 역사철학

의 적극적인 간섭을 정당화시키는 논리를 전개한다. 이와 마찬가지로 사카마키의 『지나 분할론』도 중국은 인간의 신체처럼 거의 죽음에 내몰린 상태이며, 원세개와 손문에 대해서도 비판적 시각을 들이댄다. 또 이 책에서는 중국을 구제할 수 있는 길이 오직 전제정치이며, 그 전제정치의 주인공은 외국인이 맡아야 하는데, 이 기회를 틈타 자국 일본도 중국 영토의 분할에 주인공처럼 적극 참여할 것을 촉구하고 있다.[14] 이는 제국주의적 언설이 이미 근대 일본의 지식계에 널리 퍼져있음을 보여주는 좋은 사례일 것이다. 결국 1914년 나이토의 『지나론』도 이 두 저작의 과장된 중국 인식에 편승하여 중국을 폄하하고 멸시하는 어조로 출간된 것이었다.

그리고 2년 뒤인 1916년(대정 5) 신문의 칼럼리스트이자 역사가였던 야마지 아이잔(山路愛山)도 이러한 지나론 열풍에 동반하여 『지나론』을 저술한다. 그는 나이토보다 2세 연상으로 나이토가 학계에 들어온 것과는 달리 전 생애를 저널리스트로서 필명을 날렸다.

야마지는 기존의 지나론을 비판하면서 자신 나름대로의 지나론을 전개하지만, 일본인이 중국인에게 가르쳐줄 것이 많으며, 중국인은 당연히 경청해야 한다는 사유 방식을 고수하고 있었다. 이 점에서 나이토나 나카지마 및 사카마키의 중국 인식과 별반 다를 게 없었다고 볼 수 있다. 야마지의 연설들을 살펴보면 대략 다음과 같다.

"(지나는) 겨우 담 하나를 사이에 둔 이웃집이다. 그러나 우리들의 마음으로 그들의 마음에 다가갈 수는 없다. 지나인의 시의심(猜疑心)은 병이다.", "중국은 은혜를 모르는 어린아이였다. 중국

은 타인들에게 의존하면서도 돌아서서는 상급자처럼 행동한다.",
"지나의 위치는 안됐지만 '백년의 고락, 타인에게 의지한다'고 하
는 가련한 아낙네의 위치와 비슷하다고 말해야 한다.", "지나의 외
교는 독신 여성처럼 무력한 나라일 뿐 아니라, 창기(娼妓)처럼 무
절조(無節操)한 나라이다."[15] 야마지는 중국을 윤리적으로 열등한
것, 즉 지도하고 가르치며 때로는 타일러야 할 자의 위치에 놓았
다. 더 나아가 야마지는 중국인들이 국가를 만들지 못하는 역사적
이유들을 제시하고, 일본이 대륙에서 그 지위를 유지하는 것이 중
요함을 강조한다. 일본이 동양에서 문화적, 군사적으로 지도적 역
할을 담당하는 것을 당연하게 여겼던 것이다. 이렇게 보면 열등한
타자로서의 중국상 혹은 중국인상이 야마지의 『지나론』에서도 여
실히 드러나고 있다.

　야마지의 이러한 생각은 나이토의 견해처럼 중국인은 폄하와
멸시의 타자이자 열등한 국민으로 묘사된다. 의심병을 앓고 있는
중증 환자, 은혜도 모르는 어린아이, 가련한 아낙네, 독신 여성, 심
지어 무절조한 창기라는 저급한 표현까지 써 가면서 중국을 폄하
하고 멸시한다. 야마지의 중국 인식은 당시 일본 국내 지식인층
사이에서 보편적인 것으로 받아들여졌고, 학술적 담론의 일환이
자 정치적 담론으로서 행해졌다고 볼 수 있다.

　그리고 야마지는 "한인(漢人)은 나라의 가치를 이해하지 못한
다."라고까지 하여 일찍이 국가의 보호를 받은 적이 없는 민중이
자위의 도리를 배웠지만 국가를 신뢰하는 것을 모른다고 주장하
였다. 게다가 "지나의 역사에 국가가 없다."고 하면서 지속적으로
그 사회가 세계였고 국가가 아니었다는 점을 지적한다. 그래서 야

　　　　　　　　　　　　　　제국 지식인의 패러독스와 역사철학

마지의 경우 중국의 개인주의는 자립정신이 아닌 냉담한 보신(保身)으로 이해되었고, 향당주의(鄕黨主義)는 공동정신으로 보이지 않고 이기적 배타주의로 이해되었다. 한편 그 결론으로서 강력한 중국정부와 일본이 제휴하여 백인에게 대항하지 않으면 안 된다는 논리를 내세우고 있다.[16]

이와 같이 보면 야마지의 『지나론』도 당시의 시대사조와 맥을 같이 한다는 것을 알 수 있으며, 이 시대사조란 열등한 타자인 중국에 대한 인식이었다. 이제 제국주의 욕망의 분출구로서의 중국은 일본에게 가장 매력적인 타자로서 다가왔다.

나이토는 1916년 6월 원세개의 사망 직후, 교토경제회(京都經濟會)가 개최한 강연회에서 「지나 문제(支那問題)」라는 제목으로 다음과 같이 강연한 적이 있다.

우리 모두가 지나의 일에 대해서 신문이나 잡지 나름대로 의론을 쓰거나 합니다만, 때때로 그것에 관해 상당한 오해를 야기(惹起)시키는 일이 있습니다. 이번 봄 무렵에 나는 지나에 관한 의론을 썼는데, 지나인에게는 정치의 능력이 가장 결여되어 있기 때문에 정치를 외국인에게 맡기는 편이 좋다고 말했고 따라서 지나인 스스로가 해야 된다는 것은 불필요하다는 내용을 기술했습니다. 그러자 원세개의 기관 신문 등으로부터 공격을 받았으며 아리가 나가오(有賀長雄, 원세개의 일본인 고문)가 그 신문을 보내 주었습니다. 또 이상한 일은 일본인으로 나에게 반대하여 공격한 사람도 있습니다. 하지만 나는 장래 30년, 50년 더 나아가 100년 후까지 그러한 의론을 행할지라도 약간의 틀림도 없다고 지금 이 순간에도 생각하고 있습니다.[17]

정치의 능력이 없음을 지적하는 나이토의 이 글을 보더라도 그가 얼마나 중국을 '열등한 타자'로서 인식했는지를 알 수 있으며, 더불어 시간적 수치까지 제시하면서 그 의론의 정당성과 불변성까지 언급하고 있는 것을 보아도 마찬가지다. 1914년의 『지나론』에서 시작된 나이토의 '지나인의 정치능력 결여'라든지 '외국인에 의한 지배가 지나인의 행복'이라든지 하는 극렬한 논의는 사실 민국 초기의 불안정한 중국의 정치 정세와 연동하고 있었고, 1924년의 『신지나론』에 이르러 하나의 정점에 도달하였다.[18] 한편 나이토의 경우 만주국 건설에 즈음하여 그 우려의 변까지 나타내는 신중함까지 보여준다.

일본 군대의 혁혁한 공을 치하하면서도 신중을 기할 것을 당부한 것이다. 즉 1932년 1월이 되어 상해사변(上海事變)이 발발하고 3월에는 만주국이 성립하는데, 이 무렵 나이토는 『오사카 아사히신문』에 「만주국 건설에 관하여」라는 논문을 연재하여 "오늘날 일본의 군인들이 만주에서 혁혁한 무훈(武勳)을 세우고 있는 것은 부정할 수 없는 일이지만, 신국가(新國家)의 장래를 고려한다면 혁혁한 무훈의 결말을 더럽히지 않도록 철수(회군)의 때를 생각해 둘 필요가 있다. 군인들의 단순한 성질은 자칫하면 자기에게 도취하여 어떤 일도 무력을 행사하여 얻을 수 있을 것 같은 맹목적 믿음을 일으키는 일도 없지는 않기 때문에 그 점에서 일의 서막에서 고언을 드리는 바이다."라고 하면서 만주국의 미래를 걱정하고 있다.[19] 당연히 나이토가 만주국 성립을 대환영했다는 것은 의심의 여지도 없다. 또 아무리 하찮고 미개한 중국이지만 일단 중국 진출에 성공했으면 그 이후에 반드시 신중함을 기울여야 한다는 논리인 것이다.

이처럼 지나론은 20세기 초엽부터 시작하여 근대 일본의 지성계를 휩쓸고 지나갔는데, 마치 하나의 열풍처럼 유행했다고 볼 수 있다. 거기에는 침략주의와 군국주의를 옹호하고 일본의 제국주의를 정당화하는 형태로서의 지나론이 존재했을 뿐이고, 그 밖의 객관적이고 세계사적 보편성을 지닌 지나론은 성립될 수 없었다는 것이다. 더 나아가 20세기 전반의 근대 일본 지나학(=중국학)은 이와 같은 인식의 기반 위에서 성립되었다는 것을 잊어서는 안 될 것이다.

제 2 장 주변에서 중심으로

1. '문화사관'의 내재적 의미

제1부에서 잠시 살펴보았듯이 나이토의 『신지나론』을 보면 거기에는 일종의 독특한 문화사관이 엿보인다. 즉 그의 대표적 사학 이론으로 평가받는 '문화중심이동설'이 그것이다. 이것은 일종의 문화지리학(cultural geography)에 근거한 이론 정립이었다고 볼 수 있다. 사전적 정의에 의하면 문화지리학은 인간 활동을 공간 지리적으로 다루는 인문지리학의 한 분야이다. 인간 활동은 크게 보아 정치적 활동, 경제적 활동, 사회적 활동, 그리고 문화적 활동으로 나뉜다. 문화적 활동을 공간 지리적으로 다루는 일이 바로 문화지리학의 몫이다.

또 문화지리학의 주요 주제를 언급해보면 문화지역(Culture Region), 문화전파(Cultural Diffusion), 문화생태(Cultural Ecology), 문화통합(Cultural Integration), 문화경관(Cultural Landscape) 등에 대한 탐구가 될 것이다. 나이토의 경우 그 자신의 문화사관에 대하여 문화지리학이라고 규정하고 있지 않지만, 문화중심이 이동한다는 전제를 깐 것을 보면 이것은 분명 문화지리학의 방법과 유사한 것이다.

제국 지식인의 패러독스와 역사철학

사실 나이토의 문화사관은 그의 최초의 저작인 『근세문학사론(近世文學史論)』(메이지 30)에서 그 흔적을 찾아볼 수 있다. 여기에서 그는 도쿠가와(德川)시대 학술의 발달을 간사이(關西)에서 간토(關東)로 문화중심이 이동했다는 견지에서 의론을 전개한다. 그 사론의 기초를 이루는 것이 다름 아닌 문화중심이동설이며, 개개의 민족적 차별이나 존망을 초월하여 문화의 발전이라는 것을 생각하는 그의 문화중심이동설은 거대한 중화문명의 영역 안에서 민족적 대립을 해소하는 일종의 중화사상적 발상에 근거해 있다고 할 수 있다.

그리고 이와 같은 성격을 가진 문화중심이동설은 『근세문학사론』 이래 시종일관 그의 중국사 연구, 일본문화 연구, 나아가 중일 간의 국제 관계에 관한 그의 인식을 지탱하는 기본적 관점의 하나로서 발전해 간다.[20] 그리고 그 구체적인 이론은 『신지나론』에서 본격적으로 전개되었다. 그는 이 저작의 제3장 「지나의 혁신과 일본」에서 '동양문화중심의 이동'이라는 부제를 달고 문화중심이동설에 관하여 자신의 논지를 펼치고 있다. 그는 다음과 같이 말한다.

원래 오늘날 지나 본국에서도 옛날부터 민족상의 관계 등을 음미해 보면 반드시 하나의 민족이라고 생각할 수 없으며 적어도 2, 3종 이상의 민족으로 이루어진 것이다. 하지만 그것들도 문화의 발전에서는 민족의 구별을 없애버리고 하나의 동양문화를 형성하는 경로를 더듬고 있다. 그 문화가 발전하고 계속해서 이동하면서 진행해 온 것은 이미 지나의 상고(上古)로부터 일어났던 일이고, 이 때문에 개벽(開闢)으로부터 전국시대까지 동안에도 그 역사를 유지하고 있다. 진한(秦漢) 이후 지나가 하나로 통일된 이래에도 문화중심이 점차로 이동하였고, 따라서 그 문화의 중심이던 곳이 점점 쇠약해졌고, 또 문화가 열리지 않았던 지방이 점차로 열려졌으며 혹은 지방이 그 중심이 되어 갔다.[21]

이 글에서 보면 나이토가 중국의 역사를 사례로 들고 문화의 발전, 민족의 구별 없음, 동양문화를 형성하는 경로, 문화중심, 지방 등등의 말을 하면서 자신의 문화중심이동설을 설명하고자 하는 의도가 엿보인다. 나이토의 문화사관이 어떠한 것임을 분명히 드러낸 글인 것이다. 즉 그의 문화사관의 핵심은 바로 '문화중심의 이동'에 있다. 특히 "그 문화의 중심이던 곳이 점점 쇠약해졌고, ……지방이 그 중심이 되어 갔다."고 하는 부분에서 예전의 문화중심이 그대로 영원하지 않으며 문화의 중심은 이동한다는 것, 지방도 문화의 중심이 될 수 있다는 것 등을 논하고 있는데, 이것은 동양문화(=지나문화)에도 그대로 적용할 수 있다는 암시를 내포한다. 그럼 다음 글을 보자.

지나 혹은 일본, 혹은 조선, 혹은 안남(安南)이라고 하는 각 국민이 있음은 각 국가에게는 상당히 중요한 문제일 것이다. 하지만 동양문화의 발전이라고 하는 전체 문제에서 생각하면, 그것들은 입에 올릴 필요가 없는 문제이며 동양문화의 발전은 국민의 구별을 무시하고 일정한 경로를 따라 진행하고 있다. (……) 동양문화의 진보·발전으로부터 말하면 국민의 구별이라는 것과 같은 일은 작은 문제

제국 지식인의 패러독스와 역사철학

이다.[22]

　이와 같이 나이토는 그 전제로서 중국과 일본을 포함하여 조선 및 베트남(安南) 등을 문화적 유형상 동양문화라는 범주 안에 집어넣는다. 그리고 동양문화의 진보·발전이라는 시점에 입각하여 특별히 각 국가의 국민을 구분할 필요도 없으며, 오로지 동양문화라는 범주 속에서만 생각해야 된다고 역설하고 있다. 마치 메이지(明治) 이래 일본의 대외침략이론인 아시아주의, 아시아연대론에 이어 후에 구체적으로 등장한 '대동아공영권(大東亞共榮圈)' 구상과 맥을 같이하는 연장선상에서 그 이론적 토대를 역설하고 있는 듯하다. 그것은 결국 일본의 아시아(혹은 동아시아) 침략정책과 전쟁을 정당화하는 역설일 수밖에 없었다. 각 지역의 문화적 고유성과 특수성을 배체한 채 민족과 국가를 초월한 보편적 동양문화가 이전부터 존재하는 듯한 설명 방식은 일견 그럴 듯 해 보이지만, 사실은 모든 사물과 사건에 대한 일반화의 오류를 범하는 것이다. 그에게 있어서 이제 동양문화는 지나문화(=중국문화)만을 의미하지 않는다. 지나문화가 독점적 지위를 가졌던 동양문화는 각 지역의 문화적 융성에 의해 해체되었고, 그 문화의 중심은 현재 일본이 주도하고 있으며, 동양문화의 진정한 주인공이 일본이라고 하는 불변적 가설을 증명하기 위한 사전 포석의 전제로서 동양문화의 발전이라는 거대 담론을 전개하고 있는 것이다.

　나이토의 설명에 의하면 역사상에 흥성과 쇠락을 경험한 제 민족은 각각의 국면에서 문화의 발전을 담당하는데, 그러한 개개의 민족의 성쇠를 초월하여 생성되고 역사의 실체를 구성하는 것은 보편적 가치로서의 문화라는 것이며, 그의 역사 인식이 문화사로서 성립하는 것은 이러한 점에 있어서였다. 하지만 나이토의 보편성은 그 자신이 비록 동양문화가 중국문화라는 것을 전제로 하였지만 대개의 경우 중국의 주체성을 배제한 동양문화였으며, 이 동양문화는 중국과 여타 민족이 공동으로 만들어낸 역사적 산물이었다. 나이토는 자국 일본문화의 형성이라는 문제에 있어서도 동양문화와 중국문화라는 개념 및 문화중심이동설을 가지고 다음과 같이 설명하고 있다.

나는 동양문화가 옛날부터 '지나' 중심이었다고 생각한다. (……) 황하 연안에서 문화가 발아(發芽)하여 그것이 처음으로 서쪽 혹은 남쪽으로 열렸고, 그로부터 점점 동북(東北)으로 향하여 열려 갔는데, 최후에는 일본까지 도달해 온 것이다. 또 그와 같은 (문화적) 흐름이 점점 더 사방으로 퍼져나가 그 사방의 민족들을 자극하였고, (사방의 민족들이) 그 자극을 받을 때마다 그 지방에서 다소나마 새로운 문화가 만들어졌다. 이렇게 해서 최후에는 일본과 같은 곳까지 파급되어 왔고, 이 때문에 일본이 오늘날과 같은 문화를 만들어낼 수 있었던 것이다.[23]

여기에서 그는 일본문화의 기원이 중국문화에 있다는 점을 분명히 하고 있으나, 이는 단지 동양문화의 기원에 관한 것일 뿐, 새로운 문화의 탄생은 주변에서 점차로 일어났다는 것이다. 그것도 문화전파에 의한 '자극'에 의한 것으로서 최후에는 자국 일본에까지 도달하여 새로운 문화가 형성되었다는 점을 강조한다. 그리고

　　　　　　　　　　　제국 지식인의 패러독스와 역사철학

이 일본의 새로운 문화가 다시 반동 작용을 일으켜 오히려 현재는 중국문화에 영향을 끼칠 수 있다는 논리를 내세운다. 나이토는 이에 대해 "여하튼 일본인이 번역한 서양문화를 지나인들이 중역(重譯)하여 채용하는 운동이 현재 일어나고 있지 않은가!"[24]라고 반문한다. 소위 일본으로부터 서양문화 수용의 방법으로서 언어문화의 '반동(反動)'이 중국으로 향하였고, 이는 과거와는 역전된 상황이며 일본이 새로운 문화적 영향력을 중국쪽에 발휘하고 있다는 논리인 것이다.

사실 나이토의 문화사관은 『근세문학사론』(메이지 30)에서 그 흔적을 찾아볼 수 있다. 여기에서 그는 도쿠가와(德川)시대 학술의 발달을 간사이(關西)에서 간토(關東)로 문화중심이 이동했다는 견지에서 의론을 전개하였다.[25] 그리고 여기에서 더 발전하여 문화중심이동설이 탄생하였다. 나이토의 문화중심이동설을 한 마디로 정리하면, 그것은 역사적으로 형성된 동양문화의 중심이 '동쪽'으로 이동했으며 이제 그 문화중심이 일본에 있다는 것으로 정리할 수 있다. 그리고 『신지나론』의 문화중심이동설을 주장하는 그의 문맥 속에서 자주 사용하는 문장의 주된 핵심어는 문화중심, 문화중심의 동쪽 이동, 국민의 구역, 동양문화의 중심, 훌륭한 강국, 동쪽 일본의 융흥, 하나의 국가, 동양문화의 진보·발전 등[26]이다.

이제 나이토의 문화사관에서는 거대한 타자로서의 낡은 중화질서가 그 중심을 잃고 다른 여타 지역에서도 놀림거리로 전락해 버리는 신세가 되었다. 그 대신 일본은 중화문화를 대체하는 새로운 문화의 주역으로서 역사의 무대에 등장하고, 우월 의식에 근거한 동양문화론을 전개하게 된다. 이것은 일종의 문화의 보편적 흐름을 망각한 변질된 문화사관이었다고 볼 수 있다. 한편 나이토의 편협한 시각은 하니 고로(羽仁五郎) 이노우에 기요시(井上淸)의 현대사 대담인 「역사에서 무엇을 배울까」에서도 그대로 드러난다. 여기에서 이노우에는 나이토의 일본문화 본질론을 언급하면서 다음과 같이 지적한다.

나이토 고난의 설은 '두부(とうふ)'에 비유해서 말하면, 중국문화라는 대두(大豆)가 조선을 통과하여 그대로 일본에 전해져 오고 일본인이 '간수(ニガリ)'(두부 만드는 데 쓰임)를 더했다는 것이 되는데, 그(나이토)는 조선인이 중국문화를 배워 자신의 문화를 가지고 그것을 일본에 전했다는 것에 대해서는 전혀 평가하지 않는다. 1910년 일본이 한국을 명실상부하게 깨버리고 식민지로 삼았을 때의 나이토 고난의 발언 등을 보면 너무하다 싶을 정도로 심하였다. 조선문화를 전혀 평가하지 않으며 마치 고대로부터 일본이 조선과는 관계가 없는 것처럼 말한다. 지금 일본 역사는 조선으로부터 출발하지 않으면 안 된다.[27]

이노우에의 지적은 사실 타당하다고 볼 수 있다. 그것은 보편적 문화의 흐름에 입각하여 상호작용의 문화전파를 말하고 있기 때문이다. 반면 나이토는 그 자신의 문화중심이동설에서 조선 혹은 한국에게는 어떠한 위치도 부여하지 않는다. 거기에는 '중국 대(對) 일본'이라는 구도만 있으며, 그것도 문화중심으로서의 일본만이 부각되고 정체되고 낡은 옛 문화 대국 중국은 열등자로서만

제국 지식인의 패러독스와 역사철학

위치한다. 그와 더불어 여타의 것은 배제될 수밖에 없었고, 이에 따라 조선 혹은 한국의 존재는 그야말로 그의 문화사관 속에서는 철저히 배제되었다. '간수'가 문화의 매개체라면 동아시아 문화사 속에서 한국의 문화적 매개 작용은 아예 없었으니, 나이토의 문화사관은 이 점에서도 심각한 오류를 범하고 있는 것이다.

그런데 나이토의 문화중심이동설은 이와 같은 지역적 이동만이 있는 것이 아니다. 그는 문화의 계층 간의 이동도 주장한다. 그는 『신지나론』의 제6장 「지나의 문화 문제」에서 '신인(新人)의 개혁론의 무가치'라는 부제를 달고 다음과 같이 시작한다.

앞에서 지나의 문화중심이 시대에 따라 점차 이동해 왔다고 말했지만, 이 이동은 단지 지방에서만 행해졌던 것은 아니며, 계급에 있어서도 행해졌다. 육조(六朝)에서 당(唐)까지 명족(名族)이 각종의 문화를 점유하고 있었던 시대부터 그 이후 점차 변화해 왔는데 당말오대(唐末五代)에는 고래의 명족이 대개 멸망한 것과 동시에 문화의 중심이 독서인(讀書人) 계급으로 옮겨졌다. 물론 이 독서인 계급의 대부분은 사관자(仕官者)였는데, 원조(元朝)에서는 사관자의 대부분을 몽고 색목인(色目人) 등이 점유하였다. 이때부터 문화의 중심이 처사(處士)로 옮겨온 시대가 되었기 때문에 원말(元末)부터 명(明) 중엽까지는 문학 예술이 대량의 처사들 사이에서 이루어졌다. 그러나 명청(明淸) 2대에는 역시 사관자가 문화계급으로서 최대의 것이었는데, 청조(淸朝)가 되어 특별한 현상은 상인계급의 발달이었고 주로 그것은 양주(揚州) 지방을 중심으로 한 염상(鹽商)의 일단(一團)이다. 이것은 역시 앞에서 말한 지방에서 아직 문화의 혜택을 받지 못한 곳이 점차로 옛 지방의 문화를 이어받은 것처럼, 그리고 또한 새로운 문화를 낳았던 것과 마찬가지로 종래 문화의 혜택을 받지 못했던 계급이 점차로 앞의 문화계급으로부터 받은 바의 문화를 더욱 새롭게 문화로 화성(化成)하여 생면(生面)을 열고 있는 것이다.[28]

이 글에 근거하여 나이토의 계층 간의 문화 이동을 정리하면, 대략 "명족(육조-당)→독서인(당말-송)→처사(원말-명 중엽)→독서인으로서의 사관자(명청)→상인계급(청조)"의 흐름이 될 것이다. 여기에서 주목해야 할 것은 청조의 특별한 현상으로서의 상인계급의 발달에 관한 언급이다. 이 상인계급은 곧 경제력 혹은 선진적 경제문화를 의미한다. 이는 곧 당시의 상황에서 볼 때 일본의 경제문화가 중국에 앞선다는 의미이기도 하다.

그래서 나이토의 문화사관 혹은 문화중심이동설을 그 자신의 시각에서 보면, 지역적으로 볼 때 현재의 문화중심은 동쪽으로 옮겨와 일본이 문화중심이 되었고, 계층적으로 보면 상인계급이 최종적으로는 문화중심이 된 것인데, 현재 경제문화가 가장 발달한 곳은 일본이고 일본의 상인계급에게 문화중심이 옮겨왔다는 논리로 해석할 수도 있다.

이와 같이 나이토의 문화중심이동설은 지역과 계층이라는 두 측면에서 문화중심이 이동했다는 이론에 바탕을 두고 성립된 것이었다.[29] 언뜻 보기에 나이토의 이 문화중심이동설은 매우 객관적인 것처럼 보인다. 그것은 문화라는 코드로 역사적 전개를 설명했기 때문이다. 특히 민족의 구별을 뛰어넘고 민족의 차별을 철폐

하는 공간적 파급으로서의 문화 이동을 언급하는 대목에서 보면 나이토는 철저한 평화주의자이자 민족평등주의자처럼 보이기도 한다. 하지만 문제는 이것을 현실정치와 접목시키고 그 주장의 각 부분에서 서술하고 있는 구체적 내용을 보면 일본 민족 이외에는 안중에도 없다는 듯이 다른 민족은 열등하며 더 나아가 폄하와 멸시로 가득한 언설을 사용한다.

패러독스에 바탕을 둔 에스노센트리즘인 것이다. 이러한 논리적 모순을 어떻게 설명해야 할까. 타자 내지는 타 민족에 대한 비하와 멸시를 노골적으로 드러내는 그가 민족의 구별을 없앤다는 말을 할 수 있을까. 나이토의 민족 구별 운운은 결국 강자의 논리에 지나지 않는 것이다. 그의 문화사관은 일본에 중심을 두고 아시아의 리더 내지는 탈아시아의 우등생 일본으로서의 자부심에 근거한 일국 중심의 사관이었다고 할 수 있을 것이다. 그 일국은 다름 아닌 자국 일본이었다.

2. '시대구분론'과 문화중심

나이토는 문화중심이동설의 주장과 함께 중국사 '시대구분론'을 새롭게 정립한 학자로서도 유명하다. 당연히 이 시대구분론에 있어서도 그 구분의 기준은 비록 정치 경제의 개념도 중요한 위치를 차지하지만, 핵심은 역시 문화라는 코드였다. 그는 문화적인 관점에서 중국의 역사를 구분했는데, 특히 중국의 '송원명청'이라는 왕조가 존속되었던 근 천 년의 역사를 '근세'로 설정하고 강조하였다.

이미 근대 유럽에서는 고대·중세·근대라고 하는 세 시기의 구분이 성립되어 있었고, 나이토는 이에 영향을 받아 중세와 근대 사이에 근세를 설정하는 방식을 취하였다. 즉 근대 일본의 역사학이 확립되는 과정에서 서양 역사학의 고대·중세·근대라는 구분법을 중국사에 도입한 것은 나카 미치요(那珂通世, 1851~1908)의 『지나통사(支那通史)』(1888~90), 구와바라 지쓰조(桑原隲藏, 1870~1931)의 『중등동양사(中等東洋史)』(1898) 등이었다. 이것들은 나이토의 시대구분론에 일정한 영향을 주었는데, 그는 이에 머물지 않고 문화라는 코드를 가지고 근세를 찾아낸 것이었다. 정치사적 측면에만 입각한 시대구분에 매우 비판적이었던 나이토는 중국을 중심으로 하면서도 동아시아 전체의 역사적 흐름을 고려하여 역사를 철저하게 문화 발전의 역사라고 파악하였다. 더 나아가 문화라는 척도에서 행해진 시대구분이야말로 진정한 의의가 있다고 생각하였고, 결국 문화사적 입장을 취한 것이다. 그 자신의 말을 빌리면, "진정으로 의미 있는 시대구분을 하고자 한다면 지나문화 발전의 파동(波動)에 의한 대세(大勢)를 관찰하여 내외(內外) 두 측면으로부터 생각해야만 한다."[30]는 것이었다. 그런데 나이토의 이러한 시대구분론은 문화전파, 문화변동, 문화사관에 입각하여 중심과 주변의 역학 관계를 중시한 구분법이었지만, 그 자신 또한 문화라는 코드 속에 정치적, 군사적 요소를 포함시키지 않을 수 없었다.

이에 따라 이 시대구분법에서 가장 중요한 부분은 중국의 당대(唐代) 및 그 이전과, 송대(宋代) 및 그 이후와의 사이에 시대상의 변질, 즉 정치적 문화적 변질이 확연한 차이를 보인다고 하는 당송변혁(唐宋變革)의 논리가 성립되었다. 10세기 말의 송대부터가 근세의 시점이 된 것이다. 나이토가 당송변혁을 제기할 때 가장 신경을 쓴 부분은 문화의 변질과 그것을 지탱하는 정치체제라고 하는 것이었다. 귀족적인 문화가 '평민' 문화로 교체되었다는 것은 정치체제가 귀족제로부터 군주독재체제로 이행했기 때문이라는 논리이다.[31] 그는 『지나상고사(支那上古史)』에서 중국사 시대구분을 다음과 같이 도식화한다. 이것을 표로 나타내면 다음과 같다.

시기	중국사	비고
제1기(上古)	개벽(開闢)에서 후한(後漢) 중엽까지	전기: 지나(중국)의 문화가 형성되는 시기
	개벽(開闢)에서 후한(後漢) 중엽까지	후기: 지나의 문화가 외부로 발전하여 동양사로 변형되는 시기
제1과도기	후한의 후반에서 서진(西晉)까지	제1기에서 제2기로 넘어가는 과도기로서 지나 문화의 외부 발전이 일시 정지된 상태의 시대
제2기(중세)	5호16국(五胡十六國)에서 당(唐) 중엽까지	외부 종족의 자각으로 인해 그 세력이 반동적으로 지나의 내부에까지 미쳤던 시기.
제2과도기	당(唐)에서 오대(五代)까지	제2기 상태의 연장선상에서의 과도기
제3기(근세 전기)	송원시대(宋元時代)	외부로부터 들어온 세력이 지나에서 문화가 정점에 이르는 시대
제4기(근세 후기)	명청시대(明淸時代)	

이 시대구분론은 중국문화가 내부에서 외부로 발전해 가는 방향과 그렇게 함으로써 중국문화의 영향을 받은 외부의 힘이 반작용적으로 내부에 미친 방향, 이 두 방향의 상호작용에 착안하여 구상된 것이다.[32] 그와 같이 볼 경우, 이 시대구분론은 확실히 문화라는 코드에 의해 구분이 확정되었음을 알 수 있다. 또 이것은 그의 문화중심이동설과 연동하고 있음도 쉽게 짐작이 된다.

그의 문화중심이동설에서 보면 문화의 중심이 발생 지점의 내부에서 외부로 향하는 형태인데, 지역적으로는 동쪽으로 이동했다는 것이다. 이 밖에 외부 세력의 문화적 영향을 매우 중시했다는 점도 일치하는데, 동양문화란 '원(原) 중국문화+외부에서 영향받은 중국문화'라는 식이다. 이 때문에 그가 시대구분론을 구상했을 때 고려하지 않을 수 없었던 것은 내부와 외부와의 관계였고, 주변 외부의 영향 때문에 중국에서 변화가 일어났음을 전제로 하면서 문화적 변용에 초점을 맞추었다. 그렇게 나이토는 시대구분론 방법으로 주변의 외부와 문화라는 코드를 사용함으로써 동양문화의 발전 도상에서 일본의 문화사적 위상을 정립한다. 왜냐하면 나이토의 경우 현재의 지나는 전성기가 지난 문화였다. 그것을 증명하기 위해 나이토는 중국사 시대구분을 창안한 것이다.

여기에서 주의해야 할 점은 문화의 변질 혹은 변화의 동력이다. 나이토가 비록 주변 외부의 문화적 영향에 의한 변화를 주장했지만, 거기에는 정치체제의 변화와 연관되어 있다는 강력한 시사를 준다. 더 유추하면 그 정치체제를 변화시키는 힘은 내부에서가 아니라 외부의 강력한 힘, 곧 무력(武力)에 의해서이다. 그가 말하는 이 문화라는 개념 뒷면의 실질은 제국주의적 혹은 군국주의적 무력이었다. 따라서 이 시대구분론은 당시 제국주의적 힘의 논리를 뒷받침하는 강력한 역사관으로 자리잡을 여지가 잠재되어 있었던 것이다.

그의 견해에 의하면, 중국에서의 정치 사회적 활력은 수대(589~618)에 시작되어 당(唐) 중기에서 오대(五代, 907~960)에 이르면서 매우 분명하게 쇠퇴하였다는 것이다. 정부는 절대군주제로 바뀌었고, 경제는 물물교환에서 화폐경제로 바뀌었으며, 국민들은 그들 스스로의 문제에 좀 더 큰 발언권을 갖기 시작했으며 (그는 여기서 평민주의의 기원을 찾는다.) 예술은 높은 창의력을 과시하였다. 나이토에 의하면 수대는 통치와 피통치자의 분리, 정치와 문화의 분열, 국민의 개체화의 진전을 특징으로 하는 중국 근세가 시작되려는 과도기였다. 그는 이러한 쇠락이 중국에만 국한된 것이 아니라, 보편적 현상이라고 애써 지적하였다.[33] 나이토의 시대구분에는 특정한 역사법칙들에 따라 사회의 변화를 반영한다는 의미가 있었다. 그리고 이처럼 법칙과 변화에 의한 시대구분이었기에 지금까지도 통용되고 있는지도 모르겠다.

그는 역사를 고대, 중세, 근세의 세 단계로 나누었다. 그 단계들은 콩트의 인간 사회의 세 단계와 어느 정도 유사점을 지녔다. 나이토의 경우도 자신이 구상한 시대구분에서 역사적 단계를 인간의 정치, 경제, 문화적 발전 단계에 비유하였다. 하지만 나이토의 시대구분에서 특징적인 점은 인간-혹은 민족-은 유아기부터 사춘기, 그리고 노년기로 진행되는데, 지나의 문화도 이러한 한 사람의 인간처럼 문화가 형성되고 발전하다가 결국은 쇠퇴한다는 논리를 전개하였다. 그것이 나이토의 시대구분법을 관통하는 중요한 논리적 구조였다.

나이토의 견해로는 사춘기가 가장 활력 있고 생산적인 시기로, 국가가 급속하게 진보하고 강해지며 확장하는 때이다. 마지막 단계인 노년기는 좀 더 성숙하면, 성찰적이고 평화적인 태도를 특징으로 하며, 열정적인 행동들보다 침착하고 보수적 행동을 선호한다. 따라서 중국인들은 노년기의 사회이기 때문에 예술이나 문학과 같은 문화적 행위들에 점점 더 관심을 갖게 되었다는 것이다.[34]

이와 같은 나이토의 역사 인식과 견해는 결국 제국의 지식인다운 패러독스였다.

늙은 중국을 상정하고자 주변 외부(주변 민족)의 문화적 힘의 작용을 중국사 시대구분법에 적용한 것은 결국 자가당착이었다. 그가 의도한 것은 젊고 건강한 일본이라는 결론을 도출해내기 위한 시도였다지만, 역사를 바라보는 일면적이고도 단순 논리적인 태도에서는 근대 일본 동양사학의 거두라는 수식어가 아깝다는 생각이 든다. 나이토가 다시 살아나 21세기의 중국과 일본 및 한국이라는 동아시아 세계의 현재적 상황을 목도한다면, 자신이 창안한 시대구분법에 대해 어떤 생각을 할까. 지금의 중국을 본다면 늙은 중국이 다시 환생했다고 해야 할까. 또 그 자신에게 일말의 관심과 안중에도 없던 한국의 현재적 상황을 보게 된다면 뭐라고 할까.

그리고 나이토의 시대구분의 특색은 과도기라는 시기를 설정한 데에도 있었다. 개벽으로부터 후한의 중엽까지를 상고, 후한의 후반부터 서진까지를 제1과도기, 5호 16국에서 당 중엽까지가 중세, 당말부터 오대까지가 제2과도기라는 것이다.[35] 이 과도기는 대체로 외부 세력(=이민족)과의 관계 속에서 성립된 시기였고, 근세기도 또한 외부세력의 역량이 정점에 달한 시기로서 규정한다. 이와 같이 나이토의 시대구분론은 문화사로서의 시대구분론이었고, 특색 있는 시대구분법으로서 학술적 가치를 지닌다고 평가할 수 있다. 하지만 문제는 문화중심이동설과 연동되고 있다는 점에 있는 것이다.

외부 세력의 중요성 강조와 문화중심이동의 추이가 은연중에 일본으로 옮겨왔다는 것을 암시하는 것이다. 거기에는 인정하기 싫은 늙고 거대한 타자 중국이 자리하고 있었다. 한 편의 영화로 비유하자면 나이토의 문화중심이동설에서 주인공은 당연히 일본이다. 옛 무성영화 시대의 주인공이 중국이었다면 이제 새로운 시대와 환경을 맞이하여 주인공은 다름 아닌 일본이라는 것이다. 비록 동양문화의 중심을 이루는 중국문화에 대한 그의 높은 평가가 있었다고는 하지만, 그것은 옛날의 부귀와 명성일 뿐이었다. 가장 중요한 현재적 시점에서 문화대국은 바로 일본이라는 논리가 나이토의 머릿속에 들어 있었다.

그럼 이제 문화대국으로 자리매김한 일본이 동아시아 세계에서 완수해야 할 의무는 무엇일까. 나이토는 물론이고 당시 일본 지식인층들은 이러한 문제에 관심을 기울였고, 그 결과 나이토의 경우 동양사학자의 길을 걷게 된 시점에서 문화중심이동설의 결론으로서 일본인의 우월성에 바탕을 둔 가련한 '중국 구제하기'라는 형태로 나타난다. 나이토는 동양문화사에서 일본만이 가장 뛰어난 계승자로 봄으로써 일본이 문화적 리더의 위치에 서고 아시아에서 지도자의 역할을 맡을 것을 상정하였다. 더 나아가 문화적 지도자의 위치는 허울 좋은 선전용이었고, 실질은 정치경제적 지도자로서의 제국주의적 패권에 대한 야심적 역할을 자국 일본과 일본인에게 부여한 것이다.

메이지 20년대, 특히 청일전쟁(1894~95)을 전후로 하여 국민적 자각이 고양되어 가는 분위기와 동반하여 소위 '일본인의 천직(天職)', '일본인의 사명'이라는 말이 자주 일본의 논단을 휩쓰는 테마가 되었는데, 당시 유력한 사조의 하나는 예를 들면 후쿠자와 유키치(福澤諭吉)의 언설 속에서 볼 수 있는 바와 같이 일본은 동양에서 신문명(新文明)—서양문명—의 유일한 대표자이며 그 진취적 신문명을 가지고 아시아에서 수구의 대표자인 중국을 각성시켜 진보의 길로 나아가게 하는 것이 일본의 천직이라는 것이었다. 소위 이와 같은 계몽주의적 사조의 계보는 다이쇼(大正) 쇼와(昭和)기에 접어들면 쓰다 소키치(津田左右吉, 1873~1961)의 대(對) 중국 인식과도 연관되어 가는데, 나이토는 메이지 27년에 쓴 「소위 일본의 천직」[36]에서 그와 같은 견해를 논박한다.

그는 여기에서 "지나가 과연 수구(守舊)의 대표가 될 수 있는지 어떤지는 아직 판단하기 어려운 것이다."라고 하여 중국문화에도 진보·발전이 있음을 서술하고 "이 서인(西人, 서양인)들의 소위 진보라고 하면 지나에서도 일찍이 진보가 없었던 것이 아니다."라고 논하면서 한편에서는 서양사상의 일면적 폐해를 지적하고 그 맹목적 믿음의 해로움까지 지적한다. 다른 한편으로는 중국문화에서 궁구해야 할 여지가 큼을 서술하고 일본의 천직은 서양문명을 아시아에 알리는 소개자에 있는 것이 아니라, 동서의 양쪽 문화를 충분히 이해하고 융합하여 새로운 동방 학술의 신생면(新生面)을 창조하는 것에 있다고 주장하였다.[37]

이처럼 중국문화를 옹호하는 것처럼 발언하고 있지만, 실제로 그것은 서양문화에 대항하기 위한 하나의 수단으로서 사용한 미사어구일 뿐이었다. 마치 어려운 스턴트 연기를 주인공 대신 담당하는 스턴트맨과 같은 역할이 중국에게 부여된 것과 마찬가지의 일이었다. 다시 말해 일본은 아시아에서 유일하게 서양문화와 동양문화 양쪽을 이해하고 융합할 수 있는 능력을 지닌 문화대국이

제국 지식인의 패러독스와 역사철학

라는 자부심이 깔려 있고, 또 그러한 역할을 담당해야 비로소 동양문화가 새로운 발전을 이룩할 수 있다는 논리가 그의 언설에서 엿보인다.

그런데 그는 다이쇼(大正) 13년(1924), 『신지나론』의 간행과 시기를 같이하여 『일본문화사연구(日本文化史研究)』를 세상에 내놓는데, 여기에서 문화중심이동설의 핵심 근거를 제시하고 있다. 이보다 앞서 다이쇼 10년(1921)에 집필한 「일본문화란 무엇인가」에서는 "일본문화의 기원이 지나라고 해도 결코 그것 때문에 일본문화가 무가치하다는 것은 아니다. 전체로 보면 이것은 동양문화의 부분적 발달이라고 하겠지만, 그 부분적 발달 역시 동양 전체에 일본문화로서 크게 영향을 끼쳤기 때문에 그 일본문화라는 것의 계통은 전체로 말하면 동양문화에 속하는 것이라고 나는 생각하고 있다."[38]라고 말한다.

게다가 『일본문화사연구』에 실린 「일본문화의 독립」이라는 논문에서는 남북조(南北朝) 내란의 과정에서 일본문화가 독립할 수 있는 새로운 기운이 있었다고 기술하고 있다. 하가 노보루(芳賀登)는 "이와 같은 나이토 사학(史學)은 결코 중국의 민족운동 등을 용납할 수 없는 것이었다."고 말하면서 나이토가 만주국(滿洲國) 건설에 협력하는 인물이었고 중국혁명이라든가 5·30사건에 대해서도 단호한 민족운동 탄압의 태도를 취했다고 평가하고 있다.[39] 하가 노보루의 평가가 아니더라도 나이토는 확실히 그의 여러 논고에서 드러내고 있듯이 '일본 중심주의'적 정치적 담론을 주로 한 대외강경론자였다. 그것은 그가 저널리스트로서 출발한 경력에 기인하는 바도 컸을 것이다.

그렇다고 그 시대에 나이토만이 일본 중심주의를 표방한 대외 강경론자였던 것은 아니다. 예를 들면 일본에서 근대기 최고의 지성인으로 평가받는 쓰다 소키치도 일본 우월주의를 바탕으로 한 대외강경론자였다. 쓰다는 과거 중국의 정치 시스템과 문화적 본질 및 민족성 등에 중대한 결함이 있다고 하면서 중국은 작금의 세계적 조류에 적응할 수 없다는 멸시적 중국관을 숨김없이 보여주고 있다.

> 지나인(支那人)은 민족으로서 그리고 개인으로서 뿌리 깊은 생활력을 지니고 있음에도 불구하고, 정치가 지금과 같은 상태에 있는 것은 어째서일까? 그것은 과거 오랫동안 정치의 정신이나 문화의 본질 또는 민족성의 한계 같은 면에 중대한 결함이 있었으며, 현대 세계에 적응해가는 데 적합지 않은 것이 있기 때문이 아닌가?[40]

쓰다의 위와 같은 논조처럼 당시의 사조는 제국주의 팽창으로 나아가는 단계에서 그 정당성을 확보하기 위한 제국시대 지식인들의 자국 우등주의로 표출되었던 것이다. 마치 독일 철학자 헤겔의 역사 인식이 중국을 유치하고 정체된 이미지이자 그것이 지속되는 국가로 묘사했듯이, 나이토의 경우에도 그와 같은 당시 일련의 사상적 조류 속에서 중국 열등(劣等), 일본 우등(優等)이라는 편협한 역사인식을 자연스럽게 전개시켰다고 할 수 있다. 그리하여 나이토의 생각 속에서는 우등생 일본이 이제 열등한 타자인 중국을 이끌어 주어야 한다는 논리가 성립되었고, 정치·경제적 중국 진출은 일본인의 천직이라는 논리까지 내세우기에 이르렀던 것

제국 지식인의 패러독스와 역사철학

이다. 또 이러한 대외 팽창에 대한 주장의 배경에는 그의 주전론(主戰論)도 존재하였고, 열렬한 주전론의 제창자로서 잔혹할 정도의 면모까지 보이고 있다. 다음은 몽고의 칭기즈칸에 비유한 언설이다.

근래 (지나의) 논자들은 외종족(外種族)의 침략을 어떻든지 지나인의 불행처럼 생각하고 있지만, 실질적으로 '지나'가 기나긴 민족생활을 유지할 수 있었던 것은 전적으로 이렇게 누차에 걸쳐 행해진 외종족의 침입에 의한 것이다. 그러한 견해로부터 생각해보면 칭기즈칸이 "지나 인민은 우리나라에 전혀 도움이 되지 않는데, 그들(支那 인민)을 때려죽이고 그 지방을 커다란 목장으로 삼는다면 몽고인의 나라에 도움이 될 것이다."라고 말했다는 것은 상당히 의미가 있는 말이며……[41]

중국은 외종족(=이민족)의 침략에 의해 유지되었다는 것이며, 그들을 타살하더라도 무방하다는 논리가 이 글에 선명히 드러나 있다. 놀라운 사실은 칭기즈칸의 말을 인용한 대목인데, 이 말이 어디에 출전을 두고 있는지 명확하지 않지만, 이것은 나이토 자신이 진정으로 하고 싶었던 말인지도 모르겠다. 과연 "중국인을 죽여 목장으로 삼는다."고 하는 표현이 동양사학자로서 발언할 수 있는 말일까. 이렇게 그의 문화사관에는 인류의 보편적 가치인 평화와 화합이 결여된 언설로 가득 채워져 있다.

나이토가 내세운 문화중심으로서의 일본, 일본의 천직이 이와 같은 양상이라면 그것은 철저히 비판받아야 마땅하다. 아카데미즘을 몸소 체현해야 할 동양사학자가 국수적 저널리즘에 치우친 의론을 전개하는 것은 자기기만이 아닐까. 그의 문화사관의 내재적 의미는 바로 이러한 점에 있었다고 볼 수 있다.

제3부
동아시아 표상과 자타인식

전근대 동아시아 세계에서 중화질서는 견고한 성벽처럼 유지되고 영향력을 행사하였다. 그 구체적 사항에 대해서는 제3부에서 일일이 기술하지 않지만, 중화질서의 존재만큼은 제3부의 전제가 되었다. 그리고 근대가 되어 중화질서는 해체되었다. 그것도 자발적인 해체가 아니라, 서구라는 거대한 타자에 의한 강제적 해체였다. 그럼 그 해체의 이면은 어떠한 양상이었을까. 사실 19세기에 접어들자 동아시아 지역에서는 서구의 충격이 시작되었다. 그 충격은 곧 중화질서[=화이질서(華夷秩序)]의 몰락을 의미하기도 하였다. 충격은 때로 새로운 변화를 초래한다. 그동안 무감각 상태였던 자기인식도 거대한 타자의 등장에 의해 새로운 자기인식의 단계로 들어서고, 타자에 대한 인식 양상은 새로운 전기를 마련하지 않으면 안 된다. 19세기 이전만 해도 일본에게 있어서 거대한 타자는 '중화(中華)'였다.

이제 그 중화라는 거대한 타자의 몰락을 지켜보는 주변인들의 시선은 어느새 또 다른 거대한 타자에게로 향한다. 서구라는 또 다른 거대한 타자가 눈앞에 다가온 것이다. 자기정체성(self-identity)의 확인과 정립은 자기 내부에서의 인식보다도 타자에 의한 강렬한 충격과 시선에 의해 이루어지는 경우가 많다. 그 결과 자기정체성의 혼돈이나 확고한 정립으로 드러나기도 한다.

19세기 후반 동아시아 지역은 자기정체성의 혼돈 속에 빠져 일대 아수라장의 자기인식 상태에 함몰되었고, 타자인식의 확고한 정립이 불가능한 상황이었다. 거기에서 일본 근대 지식인들-제3부에서는 특히 근대 일본 동양사학자들-은 타자인식의 새롭고 확고한 정립을 목표로 하였다. 그 결과 일본을 중심으로 한 새로운 근대적인 역사학[동양사학]의 정립이 일본의 양대 학술계를 대표하는 도쿄대학과 교토대학에서 출현하였다. 그 대표자는 각각 도쿄대학의 시라토리 구라키치(白鳥庫吉, 1865~1942)와 교토대학의 나이토 고난이었다.

이 두 인물은 동시기의 저명한 양대 동양학자로 '동쪽의 시라토리 구라키치, 서쪽의 나이토 고난', '실증학파의 나이토 고난, 문헌학파의 시라토리 구라키치'라고 병칭될 정도로 일본 동양사학계의 선구자였다. 또 시라토리가 만선사관(滿鮮史觀)으로 유명하다면, 나이토는 지나사관(支那史觀)으로 명성을 떨친다. 흥미로운 점은 일본사 문제인데, 야마타이국(邪馬台國) 논쟁에 대해서는 시라토리의 규슈설(九州說)에 대해 나이토가 기내설(畿內說)을 주창하면서 격한 논쟁을 벌이기도 하였다.

그런데 타자인식으로서 서구의 오리엔탈리즘(Orientalism)도 자아와 타자를 대립적으로 구분하는 자기중심적 가치관 속에서 자의식의 강화를 위해, 자아와 타자와의 차이를 강조하기 위해, 또는 타자를 소외하거나 배제하기 위해 타자, 즉 동양의 문화를 의도적으로 날조하거나 왜곡하였다.[1] 이러한 방식은 그대로 두 동양사학자에게도 적용될 수 있는 문제였다. 중화질서의 해체와 서구의 충격으로 인해 새롭게 인식된 지나는 자아의식[일본의식]의 강화와 타자[중국, 조선]의 극단적 멸시 소외로 표현되었다. 그것은 근대의 일그러진 동아시아 인식이자 하부 오리엔탈리즘, 혹은 문화내셔널리즘의 일종에 다름 아니었다.

그래서 제3부에서는 이와 같은 일그러진 동아시아 시점과 하부 오리엔탈리즘의 선두 주자로 일본 동양사학의 태두라 할 수 있는 시라토리와 나이토의 동아시아 인식(혹은 관)의 실상과 허상 등에 관해 살펴본다. 왜냐하면 작금의 국내 학계에서 이들에게 주목하고 연구한 성과가 매우 미진하기 때문이다. 사실 지금도 일본의 동양사학계에서 이들의 학술사적 위상은 흔들림 없는 명성을 유지하고 있지만, 과연 그러한 명성의 뒷면에는 어떠한 왜곡된 시점과 '동아시아관'이 자리잡고 있었던 것일까. 제3부는 바로 그러한 의구심에서 출발하고 감히 하나의 물음을 던져보는 것이다.

동아시아 세계에서 근대의 시작은 중화질서(혹은 화이질서)의 해체와 서구의 충격으로 상징화할 수 있다. 이 중화질서의 해체와 서구의 충격은 다시 새로운 질서 구축의 가능성을 모색케 하였다. 그 해체와 충격의 사이에서 일본 근대 지식인들은 재빠르게 움직였고 새로운 동아시아 질서[왜곡된 일본중심주의 질서 등]를 창출하였다. 중국은 이제 지나간 역사의 늙은 대국으로 인식되었으며, 그 자리는 지나라는 명칭에서도 보이듯이 철저히 무시되고 멸시되었다. 반면 일본은 드디어 중화질서의 늪에서 자유로워질 수 있었다. 하지만 그것은 어디까지나 정치적 외교적 입장에 근거한 일그러진 동아시아 시점일 수밖에 없었다. 무엇이 일그러졌다는 것일까.

제3부에서는 일본 근대 지식인들의 일그러진 동아시아 시점에 접근해 보기로 한다. 그 가운데 이 책의 주인공 나이토 고난과 더불어 근대 일본 동양사학의 태두로 병칭할 수 있는 시라토리 구라키치의 동아시아 시점에 초점을 맞춘다. 시점이란 한자적 의미에서 시력의 중심이 닿는 곳으로 '주시점(注視點)'을 의미하며, 주로 문학용어로 많이 쓰인다. 즉 화자가 이야기를 하기 위해 자리잡은 시선의 각도, 서술의 발화점, 관점을 뜻한다. 일반적 의미에서도 이 시점이라는 용어는 어떤 사물·사건을 바라보는 관점이다. 따라서 여기에서는 시라토리와 나이토의 동아시아 지역(주로 조선과 중국)에 대한 시점을 문제시하려고 한다. 자타인식의 시점인 것이다. 이들은 과연 어떠한 시점을 가진 관찰자였을까.

제국 지식인의 패러독스와 역사철학

제1장 나이토의 동아시아 시점

1. 자타인식의 시점-시선 밖의 조선

나이토와 동시대에 활약한 근대 일본의 지식인 가운데 쓰다 소키치라는 인물이 있다. 그는 시라토리의 문하에서 공부한 적도 있으며, 일본 근대를 대표하는 지성인 중의 한 명이다. 우선 쓰다의 중국사상과 문화에 대한 언설에서 시작해 보자. 쓰다의 일본 역사와 문화에 대한 시점은 나이토와 대조를 이루는 것이었다.

일본의 문화는 일본 민족 생활의 독자적인 역사적 전개에 의해 독자적으로 형성되어온 것이고, 따라서 지나의 문화와는 완전히 달랐다고 하는 점, 일본과 지나는 별개의 역사를 가지고 있고, 별개의 문화를 가지고 있는 별개의 세계이며, 문화적으로는 이 두 개를 포함한 것으로서의 하나의 동양이라는 세계가 성립되지 않고 하나의 동양문화라는 것은 없다고 하는 점, 일본의 과거에 있어서는 문화재로서 지나의 문물을 많이 받아들였지만, 결코 지나문화의 세계에 포함되었던 것이 아니라는 점, (……) 일본 과거 지식인들의 지식으로서는 지나사상이 중시되었지만, 그것은 일본인의 실생활과는 아득히 멀리 떨어진 것이며, 직접적으로 실생활에서는 작용하지 못했다는 점이다. (……) 개괄해서 말하면, 유교의 도덕은 학자에 따라 항상 강설(講說)되었지만, 일본인의 도덕생활은 결코 그것에 의해 지배되지 않았다. (……) 유교의 정치사상도 또한 일본인의 정치에 실제에는 거의 영향을 주지 못하였다. (……) 이상은 지나사상이 일본인의 실생활에는 이렇다 할 관계가 없었음을 기술한 것이다. (……)[2]

이 글에서 쓰다는 일본과 중국은 문화적으로도 역사적으로도 별개의 세계이며, 중국사상은 일본에 유입되어서도 일본인의 실생활에 아무런 영향도 주지 못했다고 생각하였다. 결국 쓰다 소키치의 중국론은 유교와 중국사상을 부정적으로 평가하면서 중국의 문화와 사상이 일본의 독자적인 생활이나 문화 형성에, 다시 말해 자기의 역사 형성에 본질적으로 관련성을 가지지 못한 이물(異物)이라고 전제하였다.

이에 반해 나이토의 경우는 중국문화야말로 그 내부로부터 자기, 즉 일본이 성장해온 모태와 같은 것이었고, 자기의 밖에 있는 것이 아니었다.[3] 쓰다가 일본문화에 대해 자기인식 시점에서의 출발이자 도달점으로서, 또 철저히 부정해야 할 대상으로서 중국문화와의 분리를 우선시했다면, 나이토는 일본문화의 전제로서 동양문화(혹은 중국문화)를 긍정적으로 설정하고 그 테두리 안에서 다시금 부정적 타자로서 중국문화를 설정한 뒤 일본문화의 진보성을 염두에 두고 있다는 점이 다르다. 즉 나이토의 시점은 중국의 역사와 문화에 대한 긍정과 부정을 적절히 구사함으로써 성립될 수밖에 없었다. 나이토는 1919년 3월, 「지나의 정치적 부활」이

제국 지식인의 패러독스와 역사철학

라는 논문에서 다음과 같이 말한다.

　　원래 지나와 같이 하나의 나라이고, 긴 역사를 가진 나라는 세계
속에서 그 유례가 없기 때문에 세계 여타 나라의 역사에 비추어 봐
도 지나의 상태를 판단하는 것은 약간 곤란하다. 지나의 타락한 상
태를 가지고 미리 여타 열국(列國)의 전도를 점칠 수 있지만, 여타
국가의 변천을 가지고서는 지나의 전도를 예언하기 어렵다. 따라서
지나의 정치에 관해서는 일본은 물론이고, 세계 열국도 자국의 역
사 이외에 완전히 다른 견지로부터 관찰하지 않으면, 정확한 판단
을 내릴 연유가 없는 것이다. 지나와 같이 유치(幼稚)하지 않고, 오
히려 노후(老朽)한 국민의 정치와 그 밖의 기관의 구제는 오늘날
세계에 유행하는 민족자치와 같은 방침을 가지고서는 결코 달성할
수 있는 것이 아니라고 생각된다. 노인이 젊은이에게 손을 이끌릴
필요가 있듯이 지나와 같은 국민은 그 통치자의 중심에 타국인(他
國人)을 끼게 하는 것이 필요하다는 점을 생각하지 않으면 안 된다.
지나인과 같이 그 사회가 노후해 있기 때문에 정치라고 하는 것이
그렇듯이, 공덕(公德)을 기초로 하는 사업은 어떻게 해도 그 혈관
속에서 부활하지 않는다. 그 정부 안에 외인(外人)을 집어넣고, 그
외인의 정치적 공덕심(公德心)에 의해 자국인(自國人)의 타락한 상
태를 지지하는 것에 의해 처음으로 통치라고 하는 것을 이룰 수 있
게 되는 것이다.[4]

　　여기에서 '유치'라는 용어는 사람의 연령 구분으로 나이가 어린
유아의 단계를 말한다. 그래서 이 글의 의미는 국민의 연령이라는

문제에서 생각할 때, 중국은 유아가 아니지만, 이미 노쇠하여 노인이 되어버린 상태이다. 이에 중국의 국민과 그 정부는 이미 노후해진 체질을 스스로 개선할 수 없기 때문에 '정치적 공덕심'이 있는 외국인이라는 새로운 피를 수혈해야 한다는 논리가 성립한다. 지금처럼 중국의 타락한 상태는 아무리해도 구제가 되지 않는다고 하는 것이 나이토의 기본 전제였다. 이것은 결국 늙어서 힘을 잃어버린 열등 무능으로서의 중국이라는 타자가 나이토의 시선에 포착된 것이라 할 수 있다. 그 시선에는 외국인으로 상징된 자신이 구제할 수 있다는 강자로서의 오만함이 들어 있는 것이다.

그리고 나이토는 1919년 4월 30일자 『오사카 아사히신문』에 실린 「우리의 체면을 어찌하리오」라는 글에서 다음과 같은 견해를 제시한다. 열등 무능력의 타자로서 인식된 중국의 오늘날의 현실은 누구의 탓도 아닌 내부적인 요인에 의한 결과물로써 스스로 초래했다는 것이다.

민족의 성쇠는 제각기 역사가 있고, 단순히 국제상의 형편으로 하나의 민족을 억압하고 타민족을 옹호하더라도 결국은 그 민족의 힘이 어떠한가로 귀속되어 사람의 힘[人力]으로 만든 균형[權衡]은 조만간 파괴되어야 하는 것이다. 지나가 오늘날과 같은 경우에 처해진 것은 본디 자업자득(自業自得)이며, 일시적으로 국제적 관계에서 그 위치를 높이더라도 점차 쇠감하고 있는 중인 대세를 만회하는 일은 완전히 불가능하다. 동유럽 제국(諸國)에서도 일단 멸망한 원인은 제각기 그 민족 자신들[民族自己]의 과실에 있다.[5]

제국 지식인의 패러독스와 역사철학

이 글에서 가장 눈에 띄는 것은 '자업자득'이라는 표현이다. 중국의 국력 쇠퇴는 결국 자업자득의 결과라는 것이며, 어떤 한 국가가 쇠망하는 원인도 스스로 초래한 결과라는 논리이다. 이제 그 대세를 만회하는 일도 불가능한 일이며, 중국은 스스로 '자포자기'하라는 식의 언설이다. 이러한 언설은 나이토의 타자인식인 중국 인식에 보이는 일관된 것이기도 하다.

나이토의 중국을 바라보는 시점은 도쿄제국대학 동양사학과의 거두 시라토리 구라키치와 일맥상통하는 면이 있다. 시라토리가 중국의 주변인 만주와 조선에 시선을 집중했다면, 나이토는 만주 지역을 제외하고는 중국 본토에 시선을 고정하고 중국문화를 재해석한다. 하지만 이들은 중국을 열등한 타자로 바라보는 시점에서는 공통성을 지니고 있었다. 나이토의 경우는 좀 더 나아가 열등한 타자로서 중국을 설정하고 치료의 대상 혹은 임의적으로 상대해도 무방한 하찮은 타자이자 대상으로서 중국을 폄하하고 멸시하는 시점을 가지고 있다. 이와 같은 나이토의 타자인식으로서의 지나 인식은 『지나론』(1914)과 『신지나론』(1924)을 관통하는 일관된 관념이었으며 일본의 우월성에 초점을 맞춘 당대 역사에 대한 그 자신의 자국우월주의 인식이었다. 또 그것은 일종의 극단적 독선주의의 표현이자 치기어린 거만함의 표현이라고도 할 수 있는 것이었다.

시간을 잠시 되돌려, 이러한 나이토의 시점에서 조선이라는 나라는 눈에 들어올 여지가 없었다. 1905년(을사늑약의 해)의 시점에서 조선은 대한제국(약칭하여 한국)이었기에, 당시의 한국은 나이토의 시점에는 포착되지 않았다. 나이토에게 있어서 한국은 다만 일본과 일본인들이 자유롭게 행동할 수 있고 마치 자국처럼 여길 수 있는 자기들의 땅이었다. 을사늑약 전이었지만, 그러한 나이토의 인식 안에 한국은 보호국 대상으로밖에 여겨지지 않았던 것이다. 러일전쟁 발발 뒤, 일본과 러시아의 강화조약이 맺어지기 전, 나이토는 이미 일본 정부당국에 '대(對) 러시아 강화조건'의 대강을 신문지상에 게재하여 제언하고 있다.

하나, 한국에 있어서의 일본 행동의 자유. 둘, 1896년 이후 러시아가 획득한 만주의 특권을 포기할 것. 셋, 러시아 정부 및 러시아인이 만주에서 갖고 있는 재산을 양도할 것. 넷, 러시아령 연해주에서 군사적 설비를 파괴할 것. 다섯, 러시아가 청나라에서 영수해야만 하는 북청사변 배상금을 일본에 양도할 것(……)[6]

주목할 점은 '한국에 있어서의 일본 행동의 자유'라는 항목이다. 나이토의 이 정부에 대한 제언은 러-일 간의 강화조약 체결 이전이고, 굴욕적인 을사늑약이 체결되기 대략 10개월 전이었다는 사실이 놀랍다. 나이토의 자타시점 안에서 이미 한국은 타자로서의 배려 대상도 되지 못했고, 자국의 보호령이자 식민지의 하나에 불과했던 것이다. 만주 점령과 한국에 대한 제국주의적 야욕이 이 제언에서도 보이는 것이다.

그리고 이와 같은 맥락에서 근대 일본 지식인의 조선 혹은 한국에 대한 식민통치 구상과 인식은 한국병합 이후에 더욱 정당성의 논리로 노골화된다. 대표적인 인물에 언론인이자 역사학자인 도쿠토미 소호(德富蘇峰, 1863~1957)의 존재가 있다. 그의 조선에 대한 인식은 『경성일보』에 연재한 「조선통치의 요의(要義)」에 잘 나타나 있다. 그것은 한국병합을 일본 내셔널리즘의 하나의 도달점으로 인식한 도쿠토미의 식민통치 구상이었다. 그는 다음과 같이 말한다.

조선병합은 우리들이 바라든 바라지 않든 물러날 수 없는 대세이다. 40여 년의 새로운 경험과 2천 수백 년의 역사가 우리에게 여러 가지 교훈을 주었다. 우리들은 우선 자위 때문에 또 조선 때문에, 한편으로는 극동과 세계 평화를 위해 메이지유신 이래 여러 가지 방법을 시험해 왔고, 이와 함께 수많은 대가도 치렀다. 공동 보호와 고문제도를 거쳐 마침내 통감정치를 실시하기에 이르렀다. (……) 조선병합은 일본 민족의 처지에서는 다른 방법이 없는 유일한 길이다. (……) 통치 목적을 달성하기 위해서는 첫째로 조선인에게 일본의 통치가 불가피하다는 것을 마음에 새기도록 해야 한다. 둘째는 식민통치로 자기에게 이익이 따른다고 생각하게 하고, 셋째는 통치에 만족하여 기꺼이 복종케 하고 즐겁도록 하는 데 있다. (……) 그렇게 할 수 있는 방법은 오로지 힘뿐이다.[7]

도쿠토미는 이렇게 자국 일본의 입장에서 한국병합을 정당화하고, 통치의 방법을 제시한 다음, 조선병합은 어쩔 수 없는 대세이며, 만일 조선인이 일본의 식민통치에 순순히 따르지 않으면 군사적 무력으로 다스리겠다는 것이다.[8] 이처럼 조선인에 대한 멸시와 '안하무인'적인 태도는 도쿠토미 한 사람만의 사유 방식이 아니었다. 이는 메이지유신 이후 근대 일본을 관통하는 지식인들의 보편적 사유 방식이었고, 그에 따라 조선 혹은 한국은 그들이 향하는 시선의 바깥에 야만과 미개의 상태로 존재하는 '시선 밖의 조선' 이었다.

한편 나이토의 자국우월주의 인식은 다음의 언설에서도 여실히 드러난다. 그는 워싱턴회의가 열리고 있던 1922년 1월에 발표한 「지나란 무엇인가」라는 글에서 경제구조와 경제력을 근거로 중국에 대해 다음과 같이 말한다.

지나와 같이 광대하고 또한 부원(富源)이 충분한 영토를 능력 없는 인민에게 의존하여 폐기물과 마찬가지로 방치해 두는 일은 세계 인류의 공통된 이익을 방해하는 것으로 보이기 때문에 능력 있는 인민의 기회 균등으로 이것을 개발해야 할 권리를 인정하고자 하는 것이다. 지나가 '자국의 영토이기 때문에'라고 해서 그 부원을 언제까지나 파묻어 둔다고 하는 일은 오늘날 세계의 인도(人道)에 있어서는 용납되지 않는 것이며 (……) 영토라고 하는 것은 세계 인류의 진보를 방해하지 않는 한에 있어서 국가가 이것을 유지할 수 있는 것이며, 어떠한 국가의 영토라 하더라도 그 개발을 방해하여 세계를 향하여 이것을 폐쇄한다고 하는 일은 도저히 용서되지 않는 것이다.[9]

여기에서도 그의 지나 인식은 경제력을 근거로 하여 '능력 없는 인민=중국 인민'을 설정하면서 자국 일본은 '능력 있는 인민=일본'이라는 도식을 상정한다. 특히 그는 『신지나론』에서 중국을 철저하게 상공업 일본에 종속하는 원료산출국에 위치시키고자 했던

　　제국 지식인의 패러독스와 역사철학

것뿐만 아니라, "지나의 사회조직에 새로운 생명을 투여해야 할 (경제) 운동은 일본 이외의 다른 나라에게는" 기대할 수 없다고까지 단언하였다.[10] 즉 중국에 대한 영국이나 미국의 경제운동을 인정하지 않고 자국 일본만이 중국에 진출할 수 있는 정당성을 갖추고 있다고 인식하였다. 아래의 글이 이 점을 더욱 명확히 해준다.

지나의 혁신은 새로운 공업의 흥기(興起)에 의한다고 하는 의론은 물론 좋은 일이다. 다만 공업의 흥기라기보다는 오히려 그 이전에 공업에 이르는 전제, 즉 '원료산출국'으로 혁신되어야만 한다. 대체로 지나의 경제조직을 혁신하는 운동으로서는 그것과 심히 사정이 다른 공업국의 조직을 적용해야 하지만, 이는 매우 곤란하다고 봐야 한다. 가장 적용하기 쉬운 경우는 기존에 구(舊) 조직을 혁신한 경험이 있는 일본인이 그 경험을 바탕으로 지나의 경제조직의 기초부터 바로잡아 주고 나아가야 할 필요성이 있다. 따라서 일본인이 지나 개혁에 대한 사명감이라는 것은 즉 이러한 점에 있는 것이다.[11]

나이토는 이처럼 중국의 경제 상황에 대해 훈수를 두면서 일본과 일본인만이 중국의 경제적 기초를 재정비할 수 있다는 오만한 인식에 빠져 있었다. 이러한 인식의 바탕에는 젊고 건강한 일본이 낡고 병든 중국보다 상공업 혁신의 경험이 먼저였다는 자긍심도 깔려 있다. 여기에는 왜 여타의 국가는 안 되고, 오직 일본만이 중국의 개혁을 이끌어야만 하는 정당성의 논리가 전혀 보이지 않는다. 경험이라고 하면 서구 열강 자본주의 국가들이 앞섰는데도 불구하고, 중국에서의 경제적 지배권을 획득하고자 하는 강한 욕망이 나이토의 의식 속에는 꿈틀거리고 있었던 것이다. 여기에서도 대륙으로 향한 그의 팽창주의와 제국주의적인 야욕이 엿보인다.

이와 같은 타자인식의 기반 위에서 나이토는 지나인에 대해서 "……하여튼 몽고인이나 만주인이라도 지나를 지배하는 것과 동시에 지나인의 악덕(惡德)에 감염되어 뇌물이라던가……"[12]라는 식으로 표현하고 있는데, 지나인은 악덕의 소유자이며 이민족은 그들의 악덕에 감염되었다는 식으로 발언하고 있다. 다시 말해 지나는 나이토에게 있어서 호의를 가질만한 타자가 아니었다.[13] 과히 타자인식의 오류라고 할 수 있을 정도로 자기인식의 과대포장이 주목을 끈다.

이렇듯 나이토의 자타인식에는 일방통행적 사고에 의한 부정적 타자가 이미 전제되고, 주체(일본)와 객체(중국) 간의 철저한 분리 속에서 차별성이 부각된다. 그 가운데 끼인 조선은 나이토의 시야에는 들어 있지 않았다. 신흥 강자로서의 주체로서 일본이 설정되고, 늙은 강자로서의 '지나=중국'이 오버랩되고 있는 것이다.

2. 타자 인식의 오류-동아시아 인식

나이토의 경우 '동양문화=중국문화' 이외에 여타 동아시아의 소수민족 문화에 대해서는 특별한 관심을 가지고 있지 않았다. 더불어 조선이나 베트남과 같은 국가에 대해서도 관심을 기울이지 않았다. 물론 일찍이 만주를 여행하면서 그와 관련된 자료를 수집하고 만주국과 조선에 대한 약간의 언급을 하였다고는 하지만, 시종일관 그의 관심은 중국이었다.

그의 동아시아 인식은 중국상(像) 내지는 중국 이미지와 겹쳐지는 것이었으며 중국에 대한 이미지는 그대로 동아시아 세계 전체에 대한 이미지이기도 하였다. 바로 그의 동아시아 인식은 중국상(像)과 일맥상통한다고 볼 수 있다. 나이토는 당시의 중국을 저급한 생물인 지렁이로 묘사하고 있는데, 다음의 글에서도 그러한 태도가 확연히 엿보인다.

일본의 국정(國情)은 (……) 예를 들어 오가사와라(小笠原) 섬이 외국에 점령된다면 일본 국민에게 격동을 안겨줄 것이 틀림없다. 지나(支那)의 사정은 이와 달리 마치 지렁이와 다를 바 없는 저급한 동물과 마찬가지여서, 일부를 때려서 잘라낸다 하더라도 다른 부분은 그것을 느끼지 못하고 여전히 전과 같은 생활을 계속하는 그런 국가가 되어 버렸다.[14]

이러한 나이토의 지나 인식(=중국 인식)은 외부의 처방 시책이 필요한 대상으로서 중국을 파악하는 시각이다. 중국은 병들어 있으며 그 병을 치료해주지 않으면 안 된다는 마치 인도주의자처럼 행세하는 듯한 자세이다. 그렇기 때문에 철저하게 중국을 폄하하고 있는 것이다. 중국을 저급한 지렁이에 비유하고 가끔 그것을 잘라내어도 아무런 느낌도 받지 않을 것이라는 냉혈인간적 태도와 멸시적 인식에서 섬뜩함마저 느껴진다.

기본적으로 나이토의 역사적 내러티브는 그의 논문 「일본문화란 무엇인가」에 잘 드러나 있다. 나이토는 여기에서 중국적 세계질서로부터 독립된 그리고 자주적인 일본상(日本象)을 묘사한다.

즉 일본의 통일과 문화적 차용이 가능했던 것은 그가 특정 민족들만이 타고난 것이라고 주장했던 진취성과 자발성 덕분이었다고 말한다. 또 일본인이 진취적 기상을 지녔다는 것을 자부하면서 일본과 대조적으로 독립적인 국가 의식을 발전시키는 데 실패한 한국은 대표적인 부정적 사례이며, 결과적으로는 일본이 이러한 특수한 자질을 지녔다는 증거가 되었다고 주장한다.[15]

결국 나이토는 일본문화의 특수한 우월성을 내세우면서 한국은 결과적으로 특수한 자질을 지니지 못한 민족이었다고 폄하하고 있다. 따라서 나이토의 눈에 비친 한국의 존재는 전혀 신경쓸 필요 없는 미개한 국가이자 저급한 민족에 지나지 않았다. 이 논리는 『지나론』과 『신지나론』에서 중국을 폄하하고 있는 사유 방식과도 일치한다. 그것은 논리학에서 말하는 타자인식의 오류였다.

한편 이러한 나이토의 역사 인식에 대해 일본계 미국인 사학자 스테판 다나카는 "나이토의 주된 목표는 일본인들의 창조적이며 역동적인 잠재력을 보여주고, 비록 이론적으로는 문제가 많았지만 일본문화가 한국 출신의 선진인(先進人)들의 이주나 중국문화 그 자체에서 발생한 것이라는 모든 암시를 논박하는 데 있었다. (나이토는) 역사가로서 원시적 과거를 부인하는 고대의 전설들을 존중하려고 노력하는 한편, 일본의 발전이 토착적 특성에 의한 것이라는 생각을 고수하였다. 그러나 그러한 주장은 일본인은 특별하며 천성적으로 창조력과 역동성을 지녔다는 신념(혹은 신화)을 근거로 하고 있다."[16]고 평가한다.

이와 같은 스테판 다나카의 평가는 매우 비판적이며 객관적 평가라 할 수 있다. 나이토는 일본인의 우수성과 우월성을 전제하면서 동아시아 내의 타자인 중국과 한국 및 베트남 등의 국가를 평가하고 판단하였다. 그 주장의 배경에는 이렇게 일본의 특수성, 즉 역동적 잠재력이 있음을 자부하고 일본 고유의 문화가 존재한다는 것을 정당화시키기 위해서라도 중국과 여타 동아시아 국가는 철저히 부정되어야 할 타자의 역할이 부여될 수밖에 없었다. 반면 나이토의 인식 속에는 일본이 비록 문화적 발전이 사회, 정치적 성장보다 뒤처지기는 했지만 여전히 젊었기 때문에, 새로 얻은 지식을 활력적으로 체득하고 사용할 수 있었다.[17] 이처럼 젊고 활기찬 '문화중심국가=일본'이라는 상정은 나이토의 자타인식이 얼마나 역설적이고 궤변에 가까운 것인지를 보여주는 좋은 실례일 것이다.

나이토는 '동양문화=중국문화' 연구에 중점을 두면서도 일본문화의 연구에 소홀하지 않았다. 하지만 일본문화의 연구에 있어서는 또 다른 형태의 전제가 깔려 있다. 문화중심이동설과는 논리적으로 모순되는 것으로서 일본문화가 '동양문화=중국문화'나 한국문화에서 발생했다는 것을 논박한다. 비록 동양이라는 전제를 의식했더라도 그는 일본인이 다른 민족보다 특별하며 역동적 잠재력, 창조성이 있다는 것을 강하게 긍정하고 있다. 그 대표적 논문이 「일본문화란 무엇인가」와 「일본 상고(上古)의 상태」이며, 이러한 논문 속에서 자부심 가득한 일본인의 우월성을 표현한다.

그런데 나이토의 문화중심이동설과 일본문화 예찬론은 하나의 공통점을 지니고 있다. 그것이 바로 일본인과 일본의 우수성 내지는 우월성이다. 그의 의식 구조의 심연에는 이와 같은 생각이 가득해 있었고 이것은 다시 타 민족에 대한 폄하와 멸시로 이어졌다. 그는 중국 침략의 정당성에 관한 문제에 대해서까지 과감한 발언도 주저하지 않고 있는 것이다. 제2부 끝부분에서 잠시 인용한 바 있는 다음의 글을 다시금 살펴보자.

지나(支那)의 논자들, 특히 근래의 논자들은 외종족(外種族)의 침략을 어떻든지 지나인의 불행처럼 생각하고 있지만, 실질적으로 지나가 기나긴 민족생활을 유지할 수 있었던 것은 전적으로 이렇게 누차에 걸쳐 행해진 외종족의 침입에 의한 것이다. (……) 오늘날 외종족의 세력은 경제적으로 평화롭게 관여하고 있는 것이다. (……) 지나 민족 장래의 생명을 연장시켜 주기 위해서 우리는 일본의 경제적 운동을 실로 막대한 효과가 있는 하나의 좋은 기회로 보지 않으면 안 된다. 아마도 이 운동을 저지한다면 지나 민족은 스스로 쇠약해져 죽음[瀕死]을 불러올 것이다. 이 커다란 사명으로부터 말하면 일본의 지나에 대한 침략주의라던가 군국주의라던가 하는 것과 같은 일의 의론은 전혀 문제가 되지 않는다.[18]

여기에서 나이토는 지금의 시각에서 보면 비상식적 태도를 보인다. 중국의 역사가 장구히 지속될 수 있었던 요인으로서 '외종족의 침입', 즉 이민족의 침략을 제기한다. 또 당시의 서구 열강에 의한 중국 진출을 정당화하는 언설도 눈에 띈다. 이민족 세력이 경제적으로 평화롭게 관여한다는 것이다. 중국의 입장에서 보면 치욕과 굴욕의 역사인데 나이토는 이것을 중국의 행복으로까지 생각했던 것이다. 만일 이러한 전제를 세우지 않는다면 일본의 중국 진출도 그 정당성을 결여해 버린다. 그 때문에 나이토는 일

제국 지식인의 패러독스와 역사철학

본의 중국 침략과 군국주의 노선에 있어서 정당성을 확보하게 된 셈이다. 더욱 놀라운 점은 일본의 경제 진출을 중국이 가로막는다면 중국은 마침내 쇠퇴하여 멸망의 길을 걸을 것이라는 발언이다. 따라서 이와 같은 일본의 경제 진출에 대해 반감을 가지고 일어나는 중국의 민족주의적 배일운동은 나이토에게 있어서는 '스스로 쇠약해져 죽음을 불러오는' 것과 같은 아둔한 행동이었다. 또 그는 군사적 수단을 동반한 중국 시장 개척의 정당성에 관해서도 다음과 같이 말하고 있다.

　　물론 그 사이에 때때로 무력적 관계가 있었던 것을 완전히 부정하는 것은 아니다. 하지만 드넓은 전지(田地)를 개척하기 위해서 관개용(灌漑用)으로서 구거(溝渠, 봇도랑)를 판다고 하는 일이 있으며 그 구거를 통과하는 도중에는 때에 따라서 지하의 커다란 암석에 부딪치기도 하여 여기에 큰 도끼를 사용하거나 혹은 폭약을 사용하지 않으면 안 되는 일도 있을 것이다. 그러나 그 진면목이 전지의 개척에 있는 것을 잊어버리고 그 토지의 폭발 파괴만을 목적이라고 단정하는 사람이 있을 것이다. 지금 일본의 국론(國論)은 자국의 역사와 그 장래에 진행해 나가야 할 길을 잊은 채 일시적으로 응급수단에 이용되는 무력을 침략주의라든가 군국주의라든가라고 하여 스스로 그것을 폄하하고 있는 것이다.[19]

앞에서 인용한 바 있는 글과 더불어 여기에서도 나이토는 일반적 국제관계에서 벗어나는 자국중심주의의 논리를 펼친다. 특히 글 마지막 부분에서 침략주의, 군국주의 운운하는 것이 우선 눈에 들어온다. 이것은 침략주의와 군국주의라는 비판에 대한 자신의 생각을 피력한 것이다. 즉 응급수단에 불과한 무력 사용을 침략주의와 군국주의로 매도하는 것은 일종의 폄하라고 단정해 버린다.

　나이토의 이러한 발언은 확실히 중국 경제 진출에 있어서 장애와 걸림돌이 있다면 무력, 즉 전쟁을 해서라도 성과를 얻어내야 한다는 논리이며 무력은 관개용의 붓도랑을 파는 일처럼 매우 단순하면서도 반드시 필요한 일이라고까지 언급하고 무력 사용과 전쟁을 정당화시킨다. 결국 자국 일본 내에서의 반대 여론에 대하여 역사와 미래지향성 운운하면서 침략주의 군국주의라는 비판을 잠재우려고 하고 있는 것이다. 나이토는 이제 동양문화라는 큰 틀에서 중국의 혁신에 자연스럽게 참여할 수 있는 정당성을 확보하고자 하는 생각을 야심차게 드러낸다. 아래의 글이 그것이다. 제2부에서 뒷부분만 조금 인용한 바 있는 글을 앞부분을 더하여 살펴보자.

　　지나(支那)의 혁신에 대하여 일본이 힘을 보탠다고 하는 것은 단순히 일시적 사정에서 나온 문제가 아니다. 이것은 동양문화의 발전상, 역사적 관계에서 온 당연한 약속이라고 해도 괜찮다. 지나 혹은 일본, 혹은 조선, 혹은 안남(安南)이라고 하는 각 국민이 있음은 각 국가에게는 상당히 중요한 문제일 것이다. 하지만 동양문화의 발전이라고 하는 전체 문제에서 생각하면, 그것들은 입에 올릴 필요가 없는 문제이며 동양문화의 발전은 국민의 구별을 무시하고 일정한 경로를 따라 진행하고 있다.[20]

이 글을 자세히 살펴보면 중국의 혁신을 가능케 하기 위해서는 일본의 힘이 필요하다고 하는 자위적 언사를 사용하면서 동양문화라는 용어로 전제를 깔고 그 정당성을 확보하려는 의도가 엿보인다. 중국의 혁신이라는 것은 곧 일본의 중국 진출을 의미하며 일본의 도움이란 다름 아닌 경제적 침탈과 대응하는 것이었다.

그리고 일본의 중국 진출이 '역사적 관계에서 온 당연한 약속'이라는 나이토의 견해는 동양사학자의 신분으로 아카데미즘을 체현하는 언설이라고는 도저히 믿기지 않는다. 저널리스트의 신분 그대로였다면 가능한 이야기일지도 모른다. 그렇다 하더라도 『지나론』과 『신지나론』에서 시종일관 이러한 언설로 가득 채워져 있다는 사실을 볼 때 전혀 납득이 가지 않는다. 더욱이 중국을 포함하여 조선, 베트남 등 여타 동아시아 국가와 지역도 동양문화라는 범주 안에 집어넣고 그 발전상에서 국민의 구별 같은 것이 하등의 가치를 지니지 못한다는 언설은 일본이 동양문화의 주역이라는 사실을 우회적으로 부각시키기 위해 나온 발언이라고 밖에 볼 수 없다.

이와 같이 나이토는 일본중심주의에 기반을 둔 지나론을 제기하고 있으며, 이것이 곧 '나이토 지나학'의 본질이자 동시에 동아시아 인식이었던 것이다. 타자에 대한 배려와 소통의 노력 없이 일방통행적 인식에 의해 타자 인식의 오류를 범하고 있으며, 객관성을 결여한 채 타자의 이야기에 귀기울이지 않는 오만함을 드러내고 있는 것이다. 나이토의 주장은 결국 근대 일본 제국주의자들의 전형적 동아시아상(像)을 보여주고 있다고 할 수 있다.

3. 문화사적 중국론

나이토의 문화사적 중국 인식 혹은 중국론은 이 책에서 누차 강조했듯이 『지나론』과 『신지나론』이라는 저술에서 살펴볼 수 있다. 그런데 그의 문화사적 중국론을 이해하는 전제로서 그의 경력은 하나의 단서를 제공해 준다.

제1부에서 지적했듯이 그는 인생의 전반기를 저널리스트로서 보냈는데, 저널리즘은 중국을 이해하는 하나의 방법론이기도 하였다. 그에게는 정형화되고 정제된 학술적인 문장 표현보다는 자극적이고 강렬한 문장 표현이 더 익숙하였다. 교토제국대학에 몸담은 뒤에 발표한 그 대표적 작품이 『지나론』과 『신지나론』이었고, 이 두 저작을 관통하는 문장 표현은 매우 극단적이고 자극적이라는 점이다. 때문에 그의 중국에 대한 이해와 묘사는 한쪽으로 치우친 객관성을 결여한 것이었다. 나이토는 1919년 7월호 『다이요(太陽)』에 게재한 「산동 문제와 배일론의 근저」라는 글에서 다음과 같이 말한다.

지나라는 나라가 망한다고 해서 크게 슬퍼할 필요는 없다고 생각한다. 지나 민족 전체라는 대국적 견지에서 보면 지나가 망했다고 해도 조금도 지나를 모욕한 말이 아니라고 생각한다. (……) 존경하기에 충분한 문화적 대업적의 융성함을 생각하면 국가의 멸망은 아무것도 아니라고 생각한다.[21]

이와 같은 나이토의 지나 멸망, 문화적 대업적 운운하는 언설 속에서 볼 때 중국의 멸망은 문제시되지 않는데, 그 이유는 문화사적 중국론이 전제되어 있기 때문이다. 즉 문화사적 관점에서 볼 때, 국가의 멸망 같은 것은 문제가 되지 않는다는 것이며, 지나의 문화사적 소명은 이제 일본으로 무게 중심이 옮겨와 지나가 멸망하더라도 동양문화라는 큰 틀에서 볼 때 일본이라는 존재가 있기에 전혀 문제가 되지 않는다는 논리를 암시하는 글이다. 그럼 이런 암시는 나이토의 어떤 문화사적 중국론에 입각해 있던 것일까.

한마디로 나이토의 중국론은 국민사적 관점이 아니라, 철저하게 개개의 민족을 뛰어넘은 문화사적 관점에 입각한 것이다. 이것을 초국가적 인식이라고 해야 할까. 이 초국가적 인식의 내면에는 보다 더 강렬한 에스노센트리즘과 내셔널리즘이 자리매김하고 있었는지도 모르겠다.

이제 그는 『신지나론』이 간행되고 20년이 지난 뒤 출간된 『지나상고사(支那上古史)』(1944)의 「서언」에서도 다음과 같은 문화사적 관점으로 동양사와 지나의 문화 발전을 연결시키고 있다.

나의 소위 동양사는 지나 문화 발전의 역사이다. (……) 지나 문화 발전의 파동에 의한 대세를 보면, (……) 하나는 내부에서 외부로 향하여 발전하는 경로인데, 즉 상고(上古)의 어떤 시대에 지나의 어떤 지방에서 발생한 문화가 차츰차츰 발전하여 사방으로 널리 퍼져 가는 경로이다. 마치 연못 속에 돌을 던지면 그 파동이 사방으로 퍼져 나가는 형태이다. 다음으로 또 이것을 반대로 보아 지나의 문화가 사방으로 널리 퍼져, 가까운 곳에서 먼 곳으로 향하여 그 부근의 야만 종족의 새로운 자각을 촉진하여 진행해가고, 그러한 종족의 자각의 결과, 때때로 유력한 자가 나오자 그것이 내부로 향하여 반동적으로 세력을 미쳐 오는 일이 있다. 이것은 파도가 호수 사면의 물가에 맞닥뜨려 반동하여 오는 형태이다.[22]

여기에서 나이토의 동쪽으로의 문화중심 이동과는 별도로, 또 하나의 문화중심이동설의 내막을 확인할 수 있다. 즉 지나문화(= 동양문화)의 흐름은 '내부→외부'로 향하고, 문화의 발전에 의해 '사방'으로 퍼져나가며, 이어서 '가까운 곳→먼 곳'으로 향한다. 그 결과 반동적 작용에 의해 다시금 '외부→내부'로 반동해 들어가는 형태이다. 다시 말하면 내부는 지나가 되는 것이며, 외부는 일본이 되고 오늘날 문화중심이 일본에 있으며 반동적 작용에 의해 외부의 일본문화가 내부의 중국문화에 영향을 주어야 한다는 논리가 성립한다.

이제 주인공은 과거 문화의 주역이었던 중국이 아니라, 현재의 문화중심인 일본이라는 시각이다. 주체와 객체의 전도 현상이 여기에서 보인다. 과거의 주체가 중국이었다면 현재의 주체는 자신들 일본인 것이다. 그만큼 나이토의 입장에 의하면 문화 발전의 중심인 외부 일본이 이제는 문화적 자부심을 가지고 동아시아 전역에 그 위세를 떨쳐야 할 시기라는 것이 된다. 이러한 논리가 자연스럽게 제국 일본의 동아시아 침략의 이론적 근거가 되었음은 두말할 나위도 없을 것이다.

고야스 노부쿠니는 다음과 같이 말한다. "나이토 고난이 현대 중국을 얼마나 품위 없이 묘사하고 파악하고 있는지 분명하게 바라볼 필요가 있다. 외부의 처방 시책이 필요한 대상으로서 중국을 파악하는 시각은 애초에 대상을 철저하게 폄하한다." 또 "나이토

제국 지식인의 패러독스와 역사철학

고난을 비롯한 학자들은 중국 내부에서의 자기 혁신 시도는 필시 헛수고로 끝날 것이라는 예측을, 따라서 처방은 오로지 외부에서만 가능하다는 시책을 주장함으로써 제국주의자들로 하여금 같은 입장을 취하게 만든다."[23] 고야스의 지적대로 '외부의 처방 시책'이 필요한 대상으로서의 중국, '중국 내부에서의 자기 혁신 시도의 헛수고' 등등의 언설은 나이토의 시점에 입각해 볼 때, 문화대국을 자부하는 일본과 일본인의 제국주의 진출에 정당성을 부여하는 이유이자 논리였다. 또 그것은 외부(=일본)로 문화중심이 이동된 상황에서 외부 처방이 필요한 곪아터진 내부(=중국)에 대해 세력·영향을 미쳐야 할 당위적 언설이었다. 나이토의 문화사적 중국론에는 이와 같이 일본 중심주의, 혹은 대외 팽창주의, 제국 일본의 강렬한 침략의 시선이 내재되어 있었다 할 수 있다.

그리고 나이토의 문화사관에 바탕을 둔 중국론은 당시 일본의 중국학 혹은 동양학 연구자 및 대중들에게 호소력 있게 다가갔고, 근대 일본 동양사학의 한 축을 담당하게 되었던 것이다. 아직도 국내 학계에서 나이토의 중국론 및 중국학 연구 성과에 대한 평가가 제대로 이루어지지 않았음을 상기해 볼 때 금후의 지속적 관심이 요구된다.

제 2 장 시라토리의 동아시아 인식

시라토리 구라키치는 근대 일본의 동양사학자로 도쿄제국대학 (현 도쿄대학) 교수와 동양문고 이사장을 역임한 인물이다. 가즈사 노쿠니(上總國) 나가라군(長柄郡), 즉 현재의 지바현(千葉縣) 모바라시(茂原市) 출신으로 나카 미치요가 스승이며, 제자에 쓰다 소키치 등이 있다. 근대 일본에서 최초로 '동양사' 개념을 창출했다고 알려진 나카 미치요가 스승이라는 점을 봐도 시라토리가 어떤 인물인지 상상할 수 있을 것이다. 시라토리는 나이토와 함께 근대 제국 일본의 동양사학을 탄생시킨 주역이었던 것이다.

1. 일그러진 자타인식—조선 인식

타자를 바라보기 위해서는 우선 자기 혹은 자아의 존재가 전제된다. 자기로부터 출발하지 않는 한, 타자의 존재는 성립하지 않는다. 타자가 존재하기에 자기인식의 시점이 생겨나고, 더 나아가 포괄적 자타인식의 시점이 완성된다. 그 바라보는 시선의 양상은 시점에 의해 결정된다. 그것이 자타인식의 양상이기도 하다.

본 소절에서는 시라토리 자신의 언설 가운데 자기(자아)로서의 일본과 타자인 동아시아 제국(諸國)과의 관계에 관한 부분을 논증 자료로 하여 그의 자기인식(=일본중심주의적 인식) 혹은 자타인식을 살펴보기로 한다. 우선 시라토리는 쇼와(昭和) 4년(1929) 8월 『신국어독본(新國語讀本)』 권5와 『순정국어독본(純正國語讀本)』 권5에 실린 「일본민족론(日本民族論)」이라는 논고 속에서 방어적 자기인식의 시점을 제시하고 있는데, 그 자신도 속해 있는 일본민족과 그 국민성의 특징에 관해 다음과 같이 발언한다.

……무(武)만을 일본인의 본령(本領, 특색)이라고 생각하는 것은 완전히 오해이다. 근본적으로 잘못된 견해이다. 평화를 좋아하고 문화를 사랑하는 것도 또한 마찬가지로 일본인의 본령이며, 요컨대 문무(文武)를 겸비한 바에 우리 국민성의 특색이 존재하는 것이다. 약언하면 일본인은 아세아(亞細亞)의 남방민족의 문화성을 주로 하고 여기에 덧붙여 북방민족의 용무성(勇武性)을 가지고 있어 남북 양 민족의 장점을 조화시킨 민족이라고 할 수 있다.[24]

이 글에서 보는 한, 시라토리는 변명투의 자기방어적 언설을 구사한다. 즉, 그의 자기인식을 투영하는 시점의 출발은 '무(武)'의 이미지로 표상화된 일본인의 특색[本領]이 전제되고, 이에 대한 부정의 결과 '문무(文武)' 겸비의 평화와 문화를 사랑하는 일본민족으로서의 우아한 자기도취적 인식을 도출해낸다.

그런데 여기에서 눈에 띄는 부분이 있다. '남방민족의 문화성'과 '북방민족의 용무성'이라는 부분이다. 이것은 시라토리의 주된 동양사학 방법이라 할 수 있는 '남북이원론(南北二元論)'을 의미한다. 시라토리의 저작 가운데 이 남북이원론이 극명하게 드러나 있는 논고는 「동양사에서의 남북의 대립」과 「동양사상에서 보는 일본국」, 「동양사상에서 보는 일본」이라는 논문이다.[25] 이 세 논문을 종합해 보면 남북이원론의 구상은 간단하다. 동양사는 기본적으로 남북이라는 2대 세력이 대립하는 것이 전제되는데, 그것이 한민족(漢民族)으로 대표되는 남쪽 세력과 북적(北狄)이라는 명칭으로 대표되는 북쪽 세력이다.

이에 따라 시라토리는 '북방민족=야만, 유목, 공격'이라는 틀과 '남방민족=문화, 정주(定住), 방어'라는 틀을 이분하여 북방민족에 주목한다. 그리고 일본은 이 양대 민족의 장점을 모두 갖추고 있는 우수한 국가 내지는 동양문화에서 가장 뛰어난 국가, 진보가 일본의 특색이라는 점 등을 '자기인식화(自己認識化)' 하였다.

이제 시라토리는 남북 양대 민족의 장점을 지닌 일본민족이 나아가야 할 방향을 제시한다. 그것은 곧 부정적 타자를 향한 강렬한 '제국주의 침략의 시선'이었다. 그는 메이지 37년(1904) 10월 『세카이(世界)』 제5호에 발표한 「조선의 일본에 대한 역사적 정책」이라는 논문 속에서 청일전쟁 후에 조선반도를 둘러싸고 벌어진 급박한 동아시아 정세 속에서 일본이 취해야 할 입장을 명확히 제시한다.

그것은 곧 조선 진출을 위해서는 러시아 세력을 물리쳐야 한다는 그 당시 일본에서의 일반적 인식과 궤를 같이 하는 것이었다. 이 무렵은 마침 만주와 한국의 배타적인 지배권을 둘러싸고 러시아와 일본이 벌인 러일전쟁이 한창일 때였다.

　　　　　　　　제국 지식인의 패러독스와 역사철학

따라서 일본이 지나(支那)를 정복하지 못하는 동안은 조선을 억압할 수 없기 때문에, 청일전쟁(필자는 日淸戰爭이라고 표현)에서 지나의 세력을 쫓아내었다. 그런데도 조선은 후에 러시아[露西亞]와 결탁하여 일본의 세력을 쫓아내려 하였다. 때문에 러시아의 세력이 만주, 시베리아[西伯利亞]로 밀려 닥쳐와 조선반도를 뒤에서 미는 동안은 일본이 아무리 해도 조선반도에 세력을 휘두를 수가 없다. 그런 연유로 일본이 조선반도에 세력을 확장하는 데에는 러시아 세력을 부숴버리지 않으면 결코 조선반도는 일본의 것이 될 수 없는 것이다.[26]

이 글에서 시라토리는 일본의 입장에서 생각하는 청일전쟁의 의의와 러시아와의 전쟁에서 승리해야할 이유 등에 대해 언급하고, 또한 그 승리의 열망을 기원하고 있다. 그 최종 목적은 조선반도를 일본의 수중에 넣기 위함이었다. 그것은 대부분의 근대 일본 지식인의 공통 열망이자 제국 일본의 타자를 향한 탐욕적 시선이기도 하였다. 그리고 이어지는 글에서 조선반도와 일본의 적대적 관계에 대해 역사적 연원을 추적하는 방식에 의해 선명히 드러낸다.

이상 서술한 바와 같이 조선이라는 나라의 맹아라고 칭해지는 신라국(新羅國)은 일본에 반대하여 흥기하였고, 일본의 세력을 분쇄하여 조선반도를 통일시킨 것이다. 지금의 조선은 일본의 왜구(倭寇)에 반대하여 흥기하였고, 원래부터 항상 대륙의 유력한 자에 의탁하여 일본의 세력을 억압하려고 하였는데, 이것이 조선반도 나라들 대대로의 일본에 대한 정략(政略)이었다. 따라서 일본이 조선을 경영하는 데에는 오로지 제도를 바꾸고, 또 조선국 대신을 농락하고, 또 조약의 체결 등으로 그 세력을 확장하려고 했다면, 각설하고 완전히 효과가 없다. 또 조선에게 은의(恩義)를 느끼게 하려고 해도 이것은 또한 우활(迂闊, 사리에 어둡고 세상 물정을 잘 모르다)한 말이며 이러한 것을 실행하려고 하는 자는 조선의 역사를 알지 못하는 자이다. 일본과 조선국(朝鮮國)은 고래부터 반대하고 있었기 때문에 우정을 가지고 덕(德)을 이끌어내려고 하는 것은 완전히 쓸데없는 짓이다.[27]

조일관계(朝日關係)를 신라에까지 거슬러 올라가 그 연원을 적대적 관계로 규정한 시라토리의 이 언설에서 조선의 이미지는 오로지 중국 대륙에만 의지한 사대주의 왕조로 그려진다. 또 일본과 조선 사이에는 우정이나 은의와 같은 평화적 관계가 어렵다는 점을 암시적으로 드러내고 있다. 시라토리는 끝으로 당시의 시점에서 일본이 조선에 그 세력을 뻗치기 위한 방략으로 조선반도에 대한 세 가지 정책을 제시한다.

첫째, 러시아의 세력을 축출하는 것. 둘째, 이와 동시에 많은 일본인을 조선에 보내 학교를 일으키고 일본의 언어를 조선에 확산시키는 것. 셋째, 다른 한편으로 경제적으로 일본의 세력을 얻는 일과 동시에 정치적으로 일본의 권력을 수립하는 것 등[28]이었다. 즉 시라토리의 이러한 조선정책 방략 구상을 보면 1910년 한일병합의 어두운 그림자가 이미 일본 근대 동양사학을 대표하는 학자의 언설에서도 희미하게 보이는 듯하다. 이것은 과히 일본의 근대

제국 지식인의 패러독스와 역사철학

지성계를 휩쓴 주술적 환상과 같은 반도와 대륙에 대한 집착과 몰입의 결과였다고 할 수 있다. 다시 메이지 40년(1907) 8월 8일과 9일, 10일에 시라토리가 행한 강연을 묶은 『예산강연집(叡山講演集)』 안의 「한사개설(韓史概說)」의 내용을 살펴보자. 시라토리는 이렇게 발언하고 있다.

일본이 유신 이래 서양의 문물을 접하고 나서 세계의 역사에서 거의 그 유례를 찾아볼 수 없는 장족의 진보를 이룩했다고 하는 것은 내가 다시 말할 필요도 없다. 그 결과로서 각 방면에 걸쳐 일본의 국력이 발전해 온 것이지만, 그 가운데 가장 눈에 띄는 것은 앞에는 일청전쟁[청일전쟁]이었고, 뒤에는 근래의 러일전쟁이었는데, 그렇게 해서 일본국은 한달음에 열강의 반열에 들어섰다는 것이다. 이것은 우리들에게 실로 기쁨과 즐거움[愉快] 느낄 수 있게 해주는 일이다. 우리 국민이 이와 같이 성공을 거둔 이유로서, 하나는 국민이 열심히 외국의 문명을 채용하고 그 문명의 근본을 이식 배양시켰다는 것, 그로부터 국민에게는 충용(忠勇)의 국민적 정신, 즉 소위 야마토다마시이(大和魂)라는 것이 있었다는 것, 이 두 가지가 결합하여 이러한 성공의 길에 이르렀다고 나는 생각하고 있다.[29]

여기에서도 시라토리는 일본의 국력 발전과 진보에 대한 자부심을 이야기하면서 그 동력으로서 메이지유신과 서양 문물의 수용을 들고 있다. 그 가운데 직접적으로는 두 차례의 전쟁(청일, 러일전쟁)에서 승리한 일을 발전과 진보의 양대 동력으로 언급한다. 유쾌(愉快)라고 표현하듯이 전쟁에서 이긴 승리자의 자부심과 더불어 오만함까지 느껴질 정도이다.

이렇게 해서 시라토리는 자연스럽게 그 자기 성공의 원인으로 외국 문명의 수용과 일본인 특유의 야마토다마시이(大和魂), 즉 두 요소의 결합의 산물로 바라보는 자기인식의 시선에 머문다. 그리고 시라토리는 일본이 강성하게 된 요인을 다음의 한 가지에서도 찾고 있다. 즉 근대 일본 학술의 힘이라는 논지이다.

> 그렇기 때문에 일본국이 융성하게 된 것은 외국의 문명을 접한 이래, 문명의 근원인 여러 종류의 학술(學術)을 배우고, 그 학술이 우리나라에서 특수하게 발달하여 각 방면에서 현저한 진보의 양상을 보였다는 것이 하나의 원인이라고 말하지 않으면 안 된다. (……) 우리 일본국은 오늘날에 이르러 동양 각국의 지도자가 되었기 때문에, 어쩌면 지나(支那)로부터 혹은 한국으로부터 혹은 저 멀리 인도로부터도 일본으로 유학생이 몰려오는 지위가 되었는데, 이것은 최근의 일이다. (……) 우리나라가 세계의 강국 러시아를 격파했다는 것은, 다시 말해 무력으로 우리가 그들을 이겼을 뿐만 아니라, 학술로도 또한 그들에게 승리했다는 것을 증명한 것이다.[30]

시라토리의 이 글의 전체 흐름은 우선 외국의 문명이 전제되고, 그 문명을 수용하여 일본 자국의 학술이 발전했다는 점이 서술되고 있다. 그 결과 일본에서는 학술 발전의 영향으로 각 방면에서 진보가 이루어졌다는 점을 강조한다. 또 자국 일본이 동양의 지도자가 되었다는 점을 언급하며 유학생들이 몰려드는 이유도 여기에서 찾는다. 강대국 러시아에 승리한 의의를 무력과 함께 학술의

제국 지식인의 패러독스와 역사철학

힘이었다고 말하는 시라토리의 언설은 흥미롭기까지 하다.

이상에서 살펴보았듯이 시라토리의 자타인식의 시점이 머무는 곳은 진보를 특색으로 하는 일본 그 자체이다. 즉 그 자신의 사학이론인 '남북이원론'이라는 대전제 하에서 현재의 일본이 진보의 상징이라는 것이다. 이어서 그의 시선은 자연스럽게 진보되지 못한 타자를 향하여 강렬한 제국주의 침략의 시선을 보낸다. 거기에는 일본 근대 지식인들의 보편적 인식이었던 '서양문명 문화=진보', '동양문명 문화=정체'라는 헤겔식의 동양관이 자리하고 있었다. 다음 소절에서는 시라토리의 동아시아관이 어떠한 방법론에 입각하여 의론되고 있는지 살펴보자.

2. 언어문화학적 동아시아관

근대 일본이 새롭게 창출한 또 하나의 전통문화 콘텐츠 중 하나인 사무라이 정신 혹은 무사도는 어떤 한 인물에 의한 한 권의 책으로 20세기 초 전 세계에 알려지기 시작하였다. 그 인물이 바로 니토베 이나조(新渡戸稲造, 1862~1933)[31]이다. 『무사도(武士道, Bushido)』의 저자이자 일본 근대기 학술계를 대표하는 그는 다음과 같은 한국 인식 혹은 한국관(韓國觀)을 가지고 있었다.

나는 스스로를 한국인들의 가장 좋고 진실한 친구의 한 사람으로 꼽는다. 나는 그들을 좋아한다. (……) 나는 그들이 상당한 정도의 자치정부 훈련을 받을 능력을 갖춘 민족이며, 현재는 이를 위한 보호 기간에 해당한다고 생각한다. 그들이 우리가 한국에서 하고 있는 것이 무엇인지를 공부하게 하자. 내가 이렇게 말하는 것은 우리의 군국주의적 지배가 저지른 많은 실수들을 정당화하거나 우리의 몇몇 업적들을 과시하기 위해서가 아니다. 최대한 겸손하려고 하지만, 일본이 극동의 부양(扶養)이라는 거대한 임무를 짊어진 관리자라는 확고한 믿음이 있기 때문에, 나는 어린 한국이 아직 스스로를 다스릴 능력이 없다고 생각한다.[32]

이처럼 니토베 이나조의 자타인식은 열등한 타자로서, 혹은 유치한 타자로서 한국을 자리매김시키고, 일본을 그 관리자 혹은 '구제자'로 인식하는 치명적 자기 오만에 빠져 있었다. 이것은 니토베 한 사람만의 의식이 아니었고, 근대 일본의 지식인들이 공유했던 타자를 향한 부정적 시선이자, 제국 일본의 지식인들이 망령처럼 떠받들던 일종의 종교적 신념과도 같은 것이었다. 그와 같은 사례로 나이토도 조선(한국)은 정체되었고 가난하며, 적어도 앞으로 한 세기 동안은 자기 스스로 발전을 도모할 능력이 없다고 주장하면서 무능력한 한국의 이미지를 부각시키고 있다.

따라서 "일본인들이 한국인들을 위해 해줄 수 있는 최선의 것은 엄격한 정부를 수립하고, 과거 수세기 동안 타락에 빠져온 그들의 민족성을 개조하는 것이다. ……(어린아이는) 먼저 엄격한 훈련을 따라야만 한다. 한동안 당신이 그 아이의 원망을 사더라도, 그러한 대접은 그의 앞으로의 성장에 진정한 행복을 가져올 것이다."[33] 이처럼 나이토의 한국 인식은 중국 인식과 마찬가지로 한국을 '어린아이'에, 자신들 일본을 '어른'에 비유하면서 필연적으로 돌봐줘야 할 가련한 민족으로 규정하고 있는 것이다.

시라토리의 경우도 이와 같은 맥락의 연장선상에서 이해해 볼

제국 지식인의 패러독스와 역사철학

수 있을 것이다. 그의 언어문화학적 혹은 비교언어학적 동아시아관은 언어학 관련의 논고에서 잘 드러난다. 그는 메이지 40년 (1907) 8월 『국자문제논집(國字問題論集)』에 실린 「문자의 우승열패」라는 논고 속에서 다음과 같이 말한다. 아래에 인용하는 글의 소제목은 「한어(漢語)는 가장 열등한 고립어(孤立語)」라고 되어 있다. 즉 중국문화를 상징하는 한어를 가장 열등한 언어라고 비판하고 있는 것이다.

종교의 다음으로 문화의 목표가 되는 것은 그 국민의 언어인데, 한어(漢語, 즉 중국어)는 세계의 언어 가운데 어떠한 위치에 놓여야 할 것인가. (……) 오늘날 언어학자는 세계의 언어를 크게 나누어 고립어(孤立語), 칠착어(漆着語), 굴절어(屈折語)의 세 종류로 분류하고, 고립어의 상태로부터 차례차례로 발달하여 최종으로는 굴절어의 영역에 도달하는 것이라고 설명한다. 따라서 한어는 이 세 종류의 언어 가운데 어느 계급에 속해야 할 것인지 라고 하면, 최초의 고립어에 넣어야 하는 것으로 언어 발달사상에서 말하면 가장 하등의 지위에 있는 것이다. (……) 한어의 성질이 이미 이와 같이 천박하고 비열[下劣]한 것이라고 한다면, 이제까지 우리나라 사람이 한어를 중시하고 국어를 경시한 것은 크나큰 유견(謬見)이라고 말하지 않으면 안 된다. 한어의 성질이 이미 언어 발달의 순서에서 볼 때 이상과 같이 원시적 조말(粗末, 변변치 못하고 허술한)이라고 하면, 언어와 밀접한 관계가 있는 문자의 쪽은 과연 어떠할 것인가.[34]

이와 같은 시라토리의 언설은 중화질서의 문화적 핵심이라 할

수 있는 한자와 한어에 대해 언어학적 차원에서 평가절하한다. 그
의 표현을 빌리자면 중국의 한어는 가장 하등의 지위, 천박하고
비열[下劣]하며, 원시적 조말(粗末)의 성질을 가진다. 언어학적 측
면에서 이러한 논의가 타당한지 어떤지를 떠나서 중국의 한어를
이렇게 평가하는 것은 상식적으로도 이해가 되지 않는다. 이어지
는 소절 「한자는 가장 열등한 부호문자(符號文字)」에서는 더 상세
하게 한자의 성질에 대해 분석하면서 비판적 관점을 견지하고 있
다. 다음의 인용문도 시라토리의 언설이다.

세계의 언어가 고립, 칠착, 굴절의 세 종류로 분류되고 있듯이 문
자에도 부호문자(符號文字), 철음문자(綴音文字), 음운문자(音韻文
字)의 세 종류로 크게 구별되고, 또한 이 부호문자는 발달의 초기에
속하는 것으로, 그로부터 점차 진화하여 마침내 음운문자의 영역에
다다른 것이다. 따라서 한자는 이 세 종류의 문자 가운데 어떤 부류
에 들어가야 할 것인지라고 하면, 가장 발달되지 않은 부호문자에
속하는 것이다. (……) 그런데도 지나인은 문화를 가진지 3, 4천년이
나 지난 오늘날에 이르러서도 여전히 아주 오랜 옛날부터 전해진
부호문자를 사용하고, 또한 제작하여 안일하게 그 불편함을 느끼지
못한다고 말하는 것은 극히 우매한 국민이라고 말하지 않으면 안
된다. (……) 한문명(漢文明)의 요소는 철두철미하게 원시적이다. 하
지만 그 정도의 범위에서 모든 발달을 이루어낸 것이다. (……) 우승
열패(優勝劣敗)는 자연의 법칙이기 때문에 이러한 문자를 사용하는
국민은 마침내 쇠퇴하여 망해버릴 것임에 틀림이 없다. (……) 이 도
리를 모르고 이 문자에 연연하여 다른 훌륭한 문자를 취하지 않고

있는 국민만큼 불쌍하고 가련한 국민은 없다.[35]

이것도 앞의 글에 나오는 중국의 언어 부정에 이어서 그 문자를 부정하고 폄하하는 글이다. 가장 발달되지 못한 부호문자가 중국의 '한자'라는 것이며, 이러한 한자를 사용하는 중국인은 우매한 국민으로 매도되고 있다. 중국 문명 역시 원시적 문자를 사용하기 때문에 원시적이라고 하는 시라토리의 표현은 납득이 가질 않는다. 또 이러한 문자를 사용하는 국가와 국민이 종국에는 망국의 길을 걸을 것이라는 표현, 이러한 문자를 사용하는 국민은 '불쌍하고 가련'하다는 표현을 어찌 평가해야 될까. 시라토리는 이처럼 중국의 언어는 물론이고, 그 언어를 형성하는 문자에까지 부정적·비판적 언설을 구사하고 있다.

이뿐만 아니라, 그는 한국의 언어까지 언급하면서 한국어의 결점을 지적한다. 이 글의 제목이나 본문에 나오는 우승열패(優勝劣敗)라는 용어를 보아도 쉽게 알 수 있듯이 시라토리는 근대 일본 사회(특히 19세기 말엽부터 20세기 초)에서 지식인들 사이에 대유행했던 허버트 스펜서(Herbert Spencer, 1820~1903) 등의 사회진화론(Social Darwinism)을 자신의 언어문자학에 적용시키고 있다. 하지만 이것은 시라토리의 치명적 오만에 지나지 않는다. 일부 학자는 "근대 일본을 치명적 오만에 빠지게 한 또 다른 요인은 진화론에 대한 환상에서 비롯된 진화론적 도착증(倒錯症)에 있다."[36]고 지적한다.

그와 같이 시라토리도 적자생존과 생존 경쟁을 중심 논리로 하는 사회진화론을 도착증에 걸린 사람처럼 간단히 그 자신의 비교

언어학에 적용시키고 우승열패의 '열(劣)'에 중국의 언어와 문자를 대응시킨다. 그것은 곧 열등한 이미지로서의 지나를 인위적으로 부각시키기 위한 도착증적 망상이었으며, 시라토리 자신만이 과학적이고 실증적 방법이라고 생각한 환상과 착각에 지나지 않는 것이었다.

시라토리의 진화와 진보에 대한 믿음은 곳곳에서 보인다. 그는 일본 사회 문화의 발전과 기원을 점진적이며 진보적으로 묘사한다. 그의 경우에 고대 일본인들이 이미 상당히 발달된 문화를 지니고 일본으로 이주했다고는 말하지 않는다. 하지만 다음과 같이 말한다.

어느 나라에서도 처음에는 역시 그 사회가 발전하지 않았기 때문에, 처음에는 역시 문화(文化)의 정도가 낮으며, 거기에서 서서히 발전하여 오늘에 이르렀으므로 진보라는 것은 일본이라는 나라의 특색이다.[37]

'일본의 특색=진보'라는 자기인식은 시라토리의 학술 세계를 구성하는 근본 요소였다. 진화 진보의 도상에 있는 일본과 노쇠 노후 낙후의 길을 걷는 중국(주변을 포함)이 미묘하게 대응한다. 이러한 인식은 나이토에게도 마찬가지의 현상이었다.

나이토의 경우에도 '낡은 제국 문화=중국'과 '신흥 제국 문화중심=일본'이라는 이원론적 틀이 그 자신의 학술세계를 구성했던 것이다. 다음으로 시라토리는 한자의 아류로 인식한 한국어의 결점을 지적한다.

제국 지식인의 패러독스와 역사철학

이와 같이 문자를 종횡으로 조립하여 1개의 부호(符號)와 같이 겉으로만 그럴싸하게 꾸며 보이는 것은 확실히 한문자(漢文字)의 형태를 흉내낸 것[模擬]이며, 만든 자가 참담하게 애를 쓰고[經營慘憺], 고심 끝에 여기에 이르렀을 것이라 생각되지만, 우리들로부터 이것을 보면 언문(諺文)의 결점이 바로 여기에 있는 것이다.[38]

이 글에서 보면 한글이 중국 문자인 한자를 모방한 말이 된다. 즉 한자와 같이 한글도 부호문자에 속하는 것이며, 시라토리의 한자 인식에서도 드러난 바와 같이 이 부호문자는 우매한 국민이 사용하는 낙후된 문자라는 것이며, 따라서 그것을 모방하고 있는 한글도 결국은 결점이 많은 열등의 문자라는 논리가 된다.

어떤 연구자의 지적에 의하면 시라토리는 일본어와 조선어의 친밀성을 강조했던 초기와는 달리 1909년『일·한·아이누 삼국어의 수사(數詞)에 관하여』에서 조선어와 일본어의 동일계통 부정론을 드러내고, 1913년의『동양사의 위에서 보는 일본국』에 이르러서는 일본어가 일본 고유의 언어라고 주장하였는데, 시라토리는 여기에서 조선어와 일본어의 동일계통을 부정하며 일본어의 특수성이라는 입장으로 바뀌게 되었다고 한다.[39] 위의 글도 그와 같은 연장선상에서 한국어의 결점을 한자 모방의 문자이기에 결점이 많다는 논리를 내세우며, 일본어와의 차이성을 암시하고 있는 것이다.

그리고『동양사의 위에서 보는 일본국』이라는 논문의 세 번째 절「언어학상에서 보는 일본」에서 마침내 동아시아 언어 중에서도 특별히 차이성을 가진 일본어에 대해서 다음과 같이 언급한다.

즉 일본의 언어는 일본 주위에 있는 곳의 언어와는 완전히 그 유형을 달리하는 것이며, 아시아[亞細亞]는 말할 것까지도 없이 기타 대륙에서도 일본과 같은 언어는 없다. 이것이 조선이라던가 혹은 만주(滿洲)라던가 혹은 지나(支那)라던가 하는 것이 되면, 그 주변의 민족과 관계를 가지고 있는 바의 언어라고 하는 일을 금방 알 수 있는 것이다.[40]

결국 시라토리는 비교언어학적 차원에서 일본어의 특수성을 강조하고 있는데, 이러한 일본 언어문화의 동아시아 세계에서의 특수성 강조는 사회진화론 및 역사 발전 단계에서의 '일본=진보'라는 논리와 상응하는 것이었다. 이 특수성은 우승열패라는 자연의 법칙에서 살아남은 일본의 진보를 표상하는 것이었으며, 상대적으로 진보되지 못한 중국과 그 주변(한국을 포함한 여러 나라)은 낙후된 타자로서 표상되었다.

그리고 이제 진보된 일본이 동아시아, 넓게는 아시아의 주인공으로서 동아시아 역사의 무대에 등장하지 않으면 안 되는 제국주의적 진출의 논리가 창출되기에 이르렀던 것이다.

제국 지식인의 패러독스와 역사철학

제4부
부록: 근대, 번역어, 동아시아

동아시아 전통 사상문화 가운데 유교는 일본 메이지 초기 지식인들의 교양과 지적 풍토의 실상을 이해하는 데 중요한 단서를 제공하는 하나의 해석 코드이다. 근현대 일본 사회에서 유교의 작용에 대한 부정론과 긍정론이 교차하는 문제와는 별도로 하더라도, 유교는 오늘날 우리들이 상상하는 것 이상으로 일본의 근세사회와 근대를 이해하는 주요한 해석 코드임에는 분명하다. 이는 근대 일본뿐만 아니라, 한국의 전근대와 근대사회를 이해함에 있어서도 마찬가지이다. 그것은 오래전 중국 대륙에서 시작된 유교가 전근대와 근현대를 포함한 동아시아 사상문화 전체를 읽어낼 수 있는 주요한 해석 코드 가운데 하나이기 때문이다.

제4부 부록에서 다룰 니시 아마네(西周, 1829~97)의 번역어 창출도 유교사상, 더 구체적으로는 송학(혹은 주자학)[1]을 논외로 하고서는 이야기될 수 없는 일이다. 주지하다시피 현재 국내를 포함하여 동아시아 지역에서 서양의 필로소피아(philosophia) 혹은 필로소피(philosophy)에 대응하는 번역어는 '철학'이다. 한국어에서는 철학(哲學), 중국어에서는 저쉐(Zhéxué), 일본어에서는 데쓰가쿠(てつがく)로 발음되는데, 모두 철학이라는 한자어를 사용한다

는 공통점이 있다. 즉 국가나 지역에 관계없이 한자어를 사용하는 모든 곳에서는 이 말이 초국적 언어로 작용하고 있는 셈이다. 그리고 이 동아시아 공통의 학술개념어를 창출한 인물이 '일본 근대철학의 부(父)' 혹은 '일본철학의 아버지'라 불리는 니시 아마네라는 사실도 널리 알려져 있다.

이와 같이 철학이라는 용어의 창출과 짧은 경력을 보더라도 그가 어떠한 학문적·정치적 여정을 거쳤는지를 간파할 수 있을 것이다. 사실 니시 아마네를 평가할 때, 가장 먼저 떠오르는 것은 그 스스로가 창출해 낸 수많은 동아시아 근대 학술개념어일 것이다. 따라서 제4부에서는 그가 창출해낸 동아시아 근대의 학술개념어에 초점을 맞추고, 그 사상적 기초 및 초국가적 사상으로서의 번역어 문제를 시야에 넣으면서 논의를 진행할 것이다.

제국 지식인의 패러독스와 역사철학

제1장 니시 아마네의 사상적 배경과 서양학술

1. 사상적 배경

니시 아마네는 1829년 3월 7일(文政 12년 2월 3일), 이와미노쿠니(石見國) 쓰와노번(津和野藩), 즉 현재 시마네현(島根縣)의 남서쪽에 위치한 쓰와노초(津和野町)에서 번의(藩醫)의 아들로 태어나 1897년(明治 30) 1월 31일에 세상을 떠난, 일본 근대 초기의 지성계를 대표하는 인물이다. 유명(幼名)은 미치타로(経太郎)이며, 그의 묘소는 현재 도쿄 미나토구(港區) 미나미아오야마(南青山)에 위치한 아오야마레이엔(青山靈園)에 있다.

그는 에도시대 후기의 막말기(幕末期)부터 메이지 초기에 활동한 계몽가이자 교육자, 철학자로 유명하다. 막부(幕府)의 제15대 쇼군(將軍) 도쿠가와 요시노부(德川慶喜)의 정치고문으로 활동했으며, 메이지기의 귀족원 의원을 지낸 인물이기도 하다.[2] 그런데 오늘날 근대 일본의 학지(學知)를 언급할 때 빼놓을 수 없는 것이 그에 의해 이루어진 근대 일본의 학술개념어, 넓게는 동아시아 근현대의 학술개념어를 대량으로 창출해 내었다는 점이다.

그리고 이 번역어 창출 과정의 배경에는 그의 사상적 편력이 자리하고 있었다. 그것이 곧 중국 유교사상, 좁게는 주자학의 잔영이다. 물론 그의 사상적 경향을 소라이학파의 친근성에서 이야기하는 언설도 많이 존재하지만, 소라이학도 유교사상(특히 주자학) 없이는 탄생할 수 없는 유교사상의 한 유파로서의 학문적 담론이기에 중국의 유교사상은 니시 아마네(이하 니시로 약칭하기도 함)에게 동서양 학술의 소통을 가능케 한 주요 인자인 것이다. 그럼 그는 어떻게 중국의 유교사상, 즉 주자학과 만나게 되었던 것일까.

통설에 따르면 니시는 4세 때에 이미 조부인 도키야스(時雍)로부터 중국의 고전으로 효도에 관한 유교경전인 『효경(孝經)』을 배우고, 6세 때에는 송학(宋學, 혹은 정주학, 주자학)의 주요 텍스트인 사서 『대학』, 『중용』, 『논어』, 『맹자』를 배웠다고 한다.[3] 이것이 그와 주자학과의 첫 만남이다. 즉 세상에 태어나 처음으로 접한 학술이 주자학이었고, 이는 그의 생애에 걸쳐서 매우 중요한 사상적 요소로 작용하게 된다.

일반적으로 중국사상사라는 시각에서 보면 10세기 이후, 즉 중국 송대(宋代) 이후의 사상사를 사서(四書)의 시대라고 한다. 이와 같은 인식은 남송대(南宋代) 주희(朱熹)의 사서 분류와 주석 이후, 그것을 둘러싸고 벌어진 사상 논쟁에 기인하는 바가 크다. 여하튼 중국은 물론이고, 조선시대와 일본 근세기의 사상사도 사서의 유행이 눈에 띄는 현상의 하나이다.[4] 또 사서의 막강한 위력은 동아시아 근대기에도 여전하였음은 두말할 나위 없다. 따라서 니시의 경우도 유교사상의 주요 텍스트 가운데, 사서를 우선적으로 익히게 된 것은 우연의 일이 아닐 것이다. 그리고 후가 되어 서양학술과 만났을 때, 이러한 니시의 주자학 체험은 상당한 무기로서 영향을 끼치면서 새로운 언어, 즉 수많은 번역어를 창출해내는 원동력이 되었다.

그리고 니시의 유교사상 텍스트에 대한 공부는 번교(藩校) 양노관(養老館)에 입학하고 나서도 마찬가지의 일이었다. 즉 니시는 번명(藩命)에 따라 12세의 나이로 양노관에 들어가는데, 입학하자마자 다시금 유교사상의 기초인 주자학의 사서 외에 유교의 오경(五經)인 『역경(易經)』, 『서경(書經)』, 『시경(詩經)』, 『예기(禮記)』, 『춘추(春秋)』를 배운다. 더 나아가 『근사록(近思錄)』, 『몽구(蒙求)』, 『문선(文選)』, 『춘추좌씨전(春秋左氏傳)』, 『국어(國語)』, 『사기(史記)』, 『한서(漢書)』 등도 배웠다고 한다.[5] 이것은 곧 니시가 소라이학으로의 사상적 전환을 이루기 전까지 철저하게 중국 유교사상의 교육 환경 속에 있었으며, 자연히 주자학(혹은 정주학)의 기초적 소양을 몸에 익히게 된 계기가 되었다.

그런데 니시는 주자학의 비실용적인 가르침에 회의를 품고, 주자학의 안티테제로 주로 언급되는 '소라이학'으로의 사상적 전환을 이루게 된다. 그것이 곧 그의 나이 17~18세 때의 일이다. 그는 그 사상적 전환의 순간을 어느 날 병상에서 우연히 소라이의 『논어징(論語徵)』을 읽고 정주학(程朱學)에 대한 의심을 품으면서 소라이를 아직 채 반도 읽지 않았는데, "17년간의 큰 꿈에서 일단 깨어나는(十七年之大夢一旦醒覺)"[6] 느낌이었다고 술회하고 있다. 그리고 이 무렵부터 그는 주자학보다는 소라이학에 더 깊은 관심을 두었던 것이다. 확실히 니시 아마네의 학술 세계를 재검토할 때 먼저 생각하지 않으면 안 되는 것은 그 자신의 오규 소라이(荻生徂徠)에 대한 이해이다. 그가 20세(1848)에 쓴 「소라이학에 대한 지향을 서술한 문장(徂徠學に對する志向を述べた文)」에서는 바로

위의 글에 뒤이어 다음과 같이 소라이학으로의 지향을 고백하고
있다.

송학(宋學)을 살펴보니 한(漢)과 송(宋)의 사이에는 큰 차이가 있
기 때문에 내가 마치 연꽃 위에 앉아 있는 것과 같고, 그 세계의 구
별됨은 마치 정토와 사바세계 같았다. 이렇게 해서 비로소 엄격하
고 억지로 하는 것이 평이하고 관대한 것만 같지 못하고, 공리(空
理)는 일용에 유익하지 않으며, 예악(禮樂)이 귀중함을 알았으며,
인욕(人欲)은 정화할 수 없으며, 기질은 변화시킬 수 없고, 도통(道
統)은 혈맥과 연결되며, 거경(居敬)은 선정(禪定)을 본받을 것이고,
궁리(窮理)는 학자가 추구해야 할 일이 아니며, 성인(聖人)은 결코
인정(人情)을 버린 적이 없음을 알았다.[7]

이 글을 보면 우선 니시의 송학, 즉 주자학에 대한 이해가 어느
정도였는지를 짐작할 수 있다. 어린 시절부터 접한 중국 주자학
관련의 텍스트를 신봉하면서 한 번의 의심도 없이 믿고 따랐던 니
시가 드디어 주자학의 안티테제로 등장한 소라이학으로의 사상
적 전환의 계기를 맞이한 것이다. 사실 주자학의 엄격주의와 공리
공담적 성격에 회의를 느끼고 사상적 전환을 이룬 대표적 인물은
중국 명대의 왕수인(王守仁, 1472~1529)일 것이다. 그 또한 주자
학의 이론적 담론에 이의를 제기하고, 심즉리(心卽理)와 지행합일
(知行合一)을 설하면서 자신만의 독특한 양명학을 주창하였다.
특히 왕수인의 경우도 주자학에 의문을 품게 되었던 계기로서
젊은 시절의 일화가 널리 알려져 있다. 그것은 어느 날, 그가 정원

에 자라나 있는 대나무의 리[理, 이치]를 궁구하고자 했는데, 나중에는 결국 신경쇠약에 걸려 버렸다는 일화이다. 또 이와 함께 1506년 그가 귀주(貴州) 용장(龍場)의 역승(驛丞)으로 귀양을 가서 3년 동안 묘족(苗族)과 함께 생활했는데, 이때 주자학의 고루한 격물(格物) 방법의 오류를 인식하고 자신만의 도(道)를 깨달았다고 한다. 이후 이 사건을 통상 '용장대오(龍場大悟)'라 부르기도 한다.[8] 왕수인의 사례처럼 니시의 '소라이학'으로의 사상적 전환도 '큰 깨달음[大悟]'이었던 것이다. 그리고 이 사상적 전환은 니시에게 서양 학술로 관심의 영역이 옮겨가는 징검다리 역할을 해 주었고, 그 이후에 동양과 서양의 학술을 통합하는 길로 나아가게 해 주었던 것이다.

한편 이노우에 아쓰시(井上厚史)의 연구는 니시 아마네의 사상적 경향을 다섯 시기의 변천과정으로 나누어 설명하고 있는데, 그에 의하면 제1기는 니시가 소라이학을 처음으로 접한 시기가 17세 무렵이고, 그 이후 잠시 동안 소라이학의 강한 영향을 받았던 시기이다. 이하 제2기부터 제5기까지의 분류를 살펴보면 다음과 같다.

(……) 그러나 그로부터 10여 년이 경과한 33세 때에 쓰다 마미치(津田眞道)의 『성리론(性理論)』을 접하고 동서사상의 통일을 가능케 하는 개념적 구조, 즉 '성리(性理)'에 관한 계시를 받는다. 그 후 서양사상의 본격적인 학습에 착수하여 네덜란드로 유학하여 시몬 피세링(Simon Vissering, 1818~88)에게 서양사상을 직접 교시받기에 이르렀고, 이에 동양사상(=송학, 소라이학, 불교 등)을 철저하게

상대화하였다(제2기). 귀국 후, 당시에 아직 송학(주자학)이나 소라이학에 집착하고 있던 문하생들을 계몽하기 위해『백일신론(百日新論)』(1866~67, 38~39세)을 집필하고 강연하면서 소라이학으로부터의 결정적인 자립을 이루었다(제3기). 그 후 쓰다 마미치로부터 얻은『성리론』을 발전시켜「영혼(靈魂)」의 해석에 몰두하였다(제4기). 그리고 콩트의 실증주의 철학에 접하게 됨으로써 독자적인 '리(理)'관을 발명하여 '통일과학(統一科學)'의 구축에 매진하였다(제5기).[9]

이노우에는 이렇게 니시의 사상 변천을 분류한 뒤, 자신의 견해를 네 가지로 정리하여 제시한다. 첫째, 소라이보다도 쓰다 마미치의『성리론』으로부터 더 큰 계시를 받았다. 둘째, 제2기에 서양사상을 본격적으로 학습하는 가운데 니시는 송학(주자학)을 재발견하였다. 셋째,『백일신론』은 니시가 소라이로부터의 결정적 자립을 이룩한 텍스트이다. 넷째, 니시는 송학에 연원하는 '리(理)'의 개념을 대담하게 바꿔 읽으면서 통일과학의 구축에 활용하였다.[10]
이노우에의 연구에서 주목할 것은 역시 송학(주자학)의 재발견이다.
이 재발견은 동양학술과 서양학술과의 만남에 있어서 중요한 사상적 토대이자 번역어 창출의 숨겨진 '보고(寶庫)' 역할을 하였다. 그가 창출해낸 번역어는 송학(주자학), 넓게는 중국 유교사상의 언어적 산물이 없었다면 존재할 수 없는 것이었기 때문이다.
그리고 니시의 사상 변천을 대략적으로 정리해보면, "주자학→소라이학→양학(洋學)[난학(蘭學)·영학(英學)]→네덜란드 유학 때의 정치경제학 관심→양자(주자학과 양학)의 접점 시도→서양

제국 지식인의 패러독스와 역사철학

철학 강의→유학(儒學)·소라이학(실학)과 서양사상(실증, 공리주의)의 조화→통일과학(統一科學)"이라는 흐름이 될 것이다. 이러한 흐름 속에서 주자학과 소라이학은 주요한 사상적 토대이자 기초가 되었고, 니시 아마네 철학의 중추적 핵심을 이루게 되었던 것이다.

2. 서양학술과의 만남

이제 니시는 시간이 지날수록 주자학과 소라이학의 환경 속에서 벗어나기 시작한다. 아니 그보다는 서양학술과의 역사적 만남을 통해서 새롭게 주자학과 소라이학을 재인식하게끔 되었다는 것이 정확한 표현일 것이다. 하지만 니시는 일단 새로운 서양학술과의 만남으로 인해 관심 대상을 서양의 제 학문분야로 옮기게 된다. 그것은 페리내항(1853)이라는 사건과 그 이듬해(1854) 3월 하순에 쓰와노번을 '탈번(脫藩)'하여 반쇼시라베쇼(蕃書調所)의 조수가 된 것(1857)이 주된 계기가 되었다.[11] 이 반쇼시라베쇼는 1856년에 발족한 에도막부 직할의 양학교육 연구기관이며, 가이세이조(開成所, 1863년 설치)의 전신으로 현재 도쿄대학의 원류가 된 기관 가운데 하나였다.

그리고 이 기간 동안(탈번에서 네덜란드 유학 전까지) 에도에 머물면서 양학에 전념하기 시작하였는데, 번교 양노관에서 난학(蘭學)을 접했다고는 하나, 실질적으로 이것이 그의 서양학술과의 본격적인 첫 만남이 되었던 것이다.

이 기간 동안의 사정을 보면, 우선 그는 에도에서 당시 영학(英學)으로 유명한 데쓰카 리쓰조(手塚律藏)의 주쿠(塾)에 들어가 영어를 배우면서 그와 의형제가 될 뿐만 아니라, 그의 도움으로 반쇼시라베쇼의 조수가 된다. 니시가 이곳의 조수가 된 뒤부터 네덜란드로 유학길에 오르기 전까지(1862)의 기간은 그가 주자학에서 소라이학으로의 전회에 못지않은 사상적 전환기였다. 그는 자신이 교육받아온 전통적인 교양(주자학, 소라이학, 국학)과 서양의 근대사상 사이에는 커다란 거리가 있다는 사실을 깨달았기 때문이다.

이광래에 의하면 그의 "이와 같은 거리감이 서양사상에 대한 위화감은 아니었으며, 이 때문에 니시는 전통적인 교양으로부터 무조건 이탈해야 한다고 생각하지 않았다. 오히려 그는 전통적인 교양의 유산을 그대로 평가하고 그 연장선상에서 서구사상과 문화를 수용해야 한다."고 생각했던 것이다. 여하튼 반쇼시라베쇼에서의 5년간 "그가 몰두했던 영학과 난학은 이미 그의 세계관과 진리관을 바꿔놓기에 충분한 것이었다. 천하도 활물(活物)이라는 그의 생각 속에는 소라이학의 복고주의로부터도 일단 벗어나고 있었다."[12]

이와 같은 니시의 사상적 전회는 이제 네덜란드 유학에 의해 더 구체화되어 동서양 학술의 접점을 모색하게 되는 중요한 계기를 만들어준다. 즉 1862년 드디어 막부의 명령으로 쓰다 마미치(津田眞道), 에노모토 다케아키(榎本武揚) 등과 함께 네덜란드 유학길에 올라, 그곳에서 본격적으로 서양 학술과의 직접적 만남이 이루어지고 동서양 학술에 대한 새로운 눈을 뜨게 되는 것이다. 그런데 이 무렵 그의 나이 34세 때(1862)에 쓴 서간문 속에서 그는 서양 철학을 접하게 되었을 때의 감개무량함을 다음과 같이 서술하

　　　　　　　　　제국 지식인의 패러독스와 역사철학

고 있다.

소생(니시 아마네)이 요사이 서양의 성리지학(性理之學)과 경제학 등의 일단(一端)을 살펴본 바, 실로 공평정대한 논(論)임에 놀랐고, 종래의 한설(漢說)과는 그 진리가 매우 다르다는 것을 깨달았다. (……) 오직 필로소피(ヒロソヒ)의 학(學)만은 성명(性命)의 리(理)를 설하는 정주(程朱)보다도 뛰어나며, 공순(公順)한 자연의 도(道)에 근거하여 경제의 대본(大本)을 세우는 것은 소위 왕정(王政)보다도 우수하다. 미합중국과 영국[英吉利] 등의 제도문물은 저 '요순관천하지의(堯舜官天下之意)'와 '주소제전형(周召制典型)'을 뛰어넘는 것임을 깨달았다.[13]

이 글을 보면 우선 니시는 그 전제로서 서양의 학술을 '성리지학(性理之學)'이나 '경제학'이라고 하면서 이러한 서양의 학문에 대해 그 공평정대(公平正大)함에 놀라움을 금치 못하고 있다. 그 뒤 '한설(漢說)'과의 차이점이 있다고 지적하면서 서양의 학술이 이 '한설'보다 뛰어나다는 것을 피력한다. 여기에서 니시가 말하는 '한설'은 중국의 송학과 소라이학을 포함하는 것이며, 공평정대한 서양의 학문 앞에서는 송학도 소라이학도 모두 대동소이한 '한설'에 지나지 않는다는 것이다.

중국의 송학은 그렇다 치더라도, 주지하다시피 소라이학은 중국 정주학의 한 변형이자 안티테제이고 그 지향한 바가 고문사학(古文辭學)적 방법이며, 주자학이 아닌 요순(堯舜), 공맹(孔孟)의 옛 시대로 돌아가자고 하는 복고주의적 학풍[古學]이다. 니시

의 언설은 바로 이 둘(송학과 소라이학)을 지칭하고 있는 것이다. 게다가 필로소피(ヒロソヒ)의 학(學)은 송학을 의미하는 '정주(程朱)'와 '왕정(王政)'보다도, 소라이학을 암시하는 '요순관천하지의(堯舜官天下之意)'와 '주소제전형(周召制典型)'보다도 빼어나다고 하는 논지를 전개한다.

그런데 니시가 이 서간문을 쓴 때는 바로 네덜란드로 유학가기 직전의 일이었고, 이와 같은 정황을 염두에 두면 그가 얼마나 서양학문에 대해 경도되었는지를 알 수 있다. 다시 말해 예전 니시가 '주자학에서 소라이학으로'의 전환에서 느꼈던 그 환희를 이제는 '소라이학에서 서양학문으로'의 전환 과정에서 다시금 느끼게 된 것이다.

하지만 네덜란드 유학 중에 쓴 것이라고 생각되는 『개제문(開題門)』(1862~65, 34~37세 무렵 집필로 추정)에는 "내가 말하건대, 송유(宋儒)와 (서양의) 내셔널리즘[羅覼奈仳謨]은 그 주장의 차이가 조금 있을지라도, (상세히) 살펴보건대 매우 유사하다."[14]고 기록되어 있는데, 이것은 니시가 서양사상의 본격적인 학습 중에 느꼈던 솔직한 느낌이었을 것이다. 즉 니시의 경우 송유(宋儒)란 주자학을 의미하고 주자학이 서양의 학문과 대체로 유사하다는 점, 그 이전에 느꼈던 열등한 주자학이 아닌 서양학문과의 대등한 학문으로서의 주자학을 재인식하게 되었다는 것을 말해 준다. 그리고 여기에는 송학에 대한 언급은 있어도, 소라이에 대한 언급이 없다는 점을 잊어서는 안 된다.

결국 니시의 경우 서양사상을 이해하는 데 있어서 보다 더 도움이 되었던 것은 어린 시절부터 몸에 익힌 송학의 개념적 언어구조

제국 지식인의 패러독스와 역사철학

이지 소라이학의 그것이 아니었다는 점이다. 이미 소라이학은 '한설(漢說)'의 아류로서 매몰되었고, 송학을 재발견하게 된 것이다. 그렇다고 해도 소라이학의 실용정신은 그대로 니시의 의식 속에 살아 있었다. 네덜란드 유학에서 귀국한 니시는 송학의 언어개념으로 번역작업을 하면서도 소라이학의 실용정신과 서양의 실증철학을 결코 잊지 않았다.

다시 앞에서 잠시 인용한 니시의 『개제문』 첫 구절 같은 페이지의 내용을 살펴보자. 그는 여기에서 이미 근대 서양의 실증철학에 근거하여 동서철학에 대한 자신의 견해를 피력하고 있다. 그는 다음과 같이 말한다.

동양[東土]에서는 유학[儒]이라 하고, 서양[西洲]에서는 필로소피[斐鹵蘇比]라고 한다. 모두 천도(天道)를 밝혀 인극(人極)을 세우는 것으로서 그 실효성은 하나이다.[15]

니시는 동서철학이 동일하다고 말하면서, 이 둘은 모두 자연계의 규칙[天道]에 대한 탐구를 통하여 인간도덕의 근원으로 거슬러 올라가 인간의 도덕규범[人極]을 확립하는 도덕적인 형이상학이라고 인식하였다.[16] 이와 같은 인식은 니시에게 끼친 중국 정주학의 영향과 정주학의 사상적 과제에 대한 니시의 비판적 계승을 보여주고 있는 것이다.

그리고 니시는 네덜란드 유학(1862~65)에 즈음해서 자신의 유학 목적에 대해 "유럽 국가들과의 관계, 그리고 국내의 많은 정무, 각 기관 등의 개선에 있어 보다 유용한 학문[學]으로 통계학, 법률학, 경제학, 정치학, 외교 등의 분야을 연구하지 않으면 안 된다. 하지만 그들 분야는 일본에서는 완전히 미지(未知)의 영역이다."[17] 라고 적고 있다. 그때부터 네덜란드어로 된 난서(蘭書), 지리서를 배경으로 한 네덜란드 서적, 위원(魏源, 1794~1857)의 『해국도지(海國圖志)』 등의 중국 대륙에서 출판된 한적(漢籍) 만국지리서(萬國地理書), 나아가서는 도쿠가와 정권의 양학 연구기관인 반쇼시라베쇼에서의 통계서나 법률서에 이르기까지 네덜란드어 서적을 중심으로 한 서양 서적의 수용과 더불어 서양 정치제도에 대한 지식이 증대되는 가운데, 거꾸로 책을 통한 지식만으로는 불충분하다는 것을 그들이 강하게 인식하고 있다는 점을 엿볼 수 있다.[18] 이렇게 볼 때, 니시의 유학 결심은 순수 학술적인 동기에 기초한 서양학술 연구와는 달리 정치적 제 개혁에 도움이 되는 실용적 학문의 습득이라는 점에서 찾아야 할 것이다.

1862년(文久 2), 막부 말기에 드디어 도쿠가와 정권의 유학생에 선발되어 쓰다 마미치(津田眞道)와 함께 네덜란드에 유학한 니시 아마네는 라이덴(Leiden) 대학에서 시몬 피세링에게서 사사하였다. 피세링은 네덜란드에서 당대 최고의 자유주의 경제학자였는데, 그의 사상적 토대와 세계관은 콩트(A. Comte)의 실증주의(positivisme)와 밀(J. S. Mill)의 공리주의(utilitarianism)였다. 왜냐하면 당시 네덜란드의 사상계는 실증주의가 지배적인 사조였기 때문이다.

따라서 니시는 피세링에게 주로 사회과학으로서 법학과 경제학을 배웠는데, 그보다도 당시 네덜란드의 이러한 학문적 분위기 속에서 실증주의와 공리주의 사상을 배울 수 있는 기회를 얻었다.[19]

제국 지식인의 패러독스와 역사철학

그리고 귀국한 뒤 니시의 번역어 창출 과정에서 이 실증주의와 공리주의는 유교 및 소라이학과 함께 그의 사상적 토대가 되었고, 또 이 토대 위에서 다시 번역어로서의 새로운 학술개념어를 창출해내는 원동력이 되었다. 이렇게 해서 니시는 네덜란드 유학에서 본격적인 서양 학술과의 만남이 시작되었고, 그것은 그 자신의 학문세계에 있어서 새로운 눈을 뜨게 된 일대 사건이었다.

제2장 번역어 창출과정에 나타난 유교사상

1. 번역어의 유교사상적 요소

현재 동아시아 국가(한, 중, 일)에서 사용하는 학술개념어는 근대기에 들어 서양학술이 동아시아 지역에 끼친 '근대성'이라는 물음과 연관되지 않은 것이 없다. 그것은 서양의 근대학술이 동아시아 지역으로 전파되면서 발생한 언어의 번역 과정이 전제되기 때문이다. 니시 아마네의 번역어 창출 과정도 그러한 서양학술의 동아시아 지역 전파와 관련이 있으며, 그 번역어 창출 과정에서 니시는 중국의 전통 유교사상 속에서 사용된 한자어를 번역의 주된 개념어로 이용하였다. 따라서 우리는 일본의 근대학술, 아니 더 나아가서 동아시아의 근대학술을 생각해 볼 때, 잊지 말아야 할 것은 니시 아마네가 창출해낸 번역어이며, 또 거기에 투영된 중국의 유교사상적 요소일 것이다.

니시는 서양의 학술 원어(原語)를 단순히 직역했던 것이 아니라, 그들의 원의적(原義的) 또는 의미적 내용을 번안하여 그 진수를 일본어로 번역해 내었다. 게다가 그 진의(眞意) 뿐만 아니라, 유학을 비롯한 그의 해박한 한어(漢語)의 자의(字義) 지식에 근거한 상태에서 만들어낸 번역어였다는 점은 제 선학이 이미 지적하고 있다.

다음은 아소 요시테루(麻生義輝)의 저작 『근세 일본철학사(近世日本哲學史)』에서 소개하는 있는 니시 아마네의 번역어에 관한 표와 그에 대한 설명이다. 아래의 용어들은 학술용어로 정착하여 지금까지도 널리 사용되고 있다.

원어(原語)	동아시아의 근현대 학술 용어	니시 아마네의 번역어
Philosophy	哲學	希哲學(文久 2년, 1862), 哲學(慶応 말기)
Logic	論理學	論科, 論學(明治 2년), 致知學(明治 7년), 論理學(明治 8년)
Psychology	心理學	性理學(明治 6년, 1873), 心理學(明治 7년)
Ethic	倫理學	名教學, 이류학覊倫學, 道義學, 倫理學(明治 8년)
Aesthetic	美學	善美學(慶応 말기), 詩樂畵, 佳趣論(明治 4년), 美妙學(明治 5년), 美妙の学(明治 8년)
Phenomenon	現象	具象, 懸象(明治 5년), 現象(明治 11년)
Object	客觀	彼觀(慶応 말기), 客觀(明治 11년)
Subject	主觀	此觀(慶応 말기), 主觀(明治 11년)
a priori	先天	先天(물리적인)(慶応 말기)
a posteori	後天	後天(심리적인)(慶応 말기)

이외에도 그 자신이 스스로 지적한 관념, 즉 실재(實在), 귀납(歸納), 연역(演繹), 총합(總合), 분해(分解)와 분석(分析) 이외에도 많은 학술개념어가 그의 머리를 통해 새롭게 만들어졌던 것이다. 물론 지금까지 사용되어 왔던 언어도 적지 않지만, 거기에 새로운 의미를 부가하고 있다. '관념(觀念)'과 같은 용어는 불교의 술어(術語)였던 것을 새롭게 서양의 'Idea'의 번역어로서 이용하였다. 이성(理性), 각성(覺性) 등의 말은 종래의 사전에도 나와 있던 것이지만, 그것을 (니시 아마네가) 적극적으로 사용했던 듯싶다. 이렇게 앞에서

예를 든 것들 가운데 (니시 아마네는) 취해야 할 것은 취하여 자의(字義)를 생각한 뒤에 번역어를 만들어내었다. 이 노력은 높게 평가하지 않으면 안 될 것이다.[20]

이 표와 아소 요시테루의 설명에서 보면, 니시는 현대 역어(譯語)와 합치하고 있는 것도 그렇지 않은 것도 포함하여 종종 사고 과정을 순환시켜 그것들의 번안을 반복하면서 수차례 다시금 생각하고 고치는 퇴고(推敲)의 과정을 진행하였다. 더욱이 새롭게 획득된 동서양 지식의 내용을 부가하면서 몇 번의 번역어 수정을 거쳤다는 것을 알 수 있다.

그리고 그것들은 서양 학술용어로서의 개념 제시를, 점차로 유교 및 불교의 색조, 색채에서 탈피하면서 언어 표현에 있어서의 일본화된 한자어로서 독자적으로 자립한 표현 방법으로 만들어내는 데에 성공하였다.[21] 한편 일본의 철학 용어 형성에 주목하면서 니시 아마네의 번역을 검토한 모리오카 겐지(森岡健二)는 특정한 영어 어휘와 니시의 번역어 1,410개를 메이지 7년(1874) 이전에 간행된 영화사전(英和辭典)의 번역어와 대조하여 양쪽에서 중복되는 것들(623개)과 당시의 사전에서 찾을 수 없어 니시의 독자적인 번역어로 생각되는 것들(787개)로 나누었다.

전자의 대부분은 모로하시 데쓰지(諸橋轍次)의 『다이칸와지텐(大漢和辭典)』에 출전이 명기되어 있는 고전어(古典語)이다(523개). 후자 즉 니시가 발명한 번역어의 약 절반(340개)은 고전(古典)에 의거하고 있으며, 나머지 절반(447개)은 신조어(新造語)이다.[22] 고전에 의거하고 있는 번역어들도 원래의 중국 고전의 의미

제국 지식인의 패러독스와 역사철학

에서 벗어나 있는데, 이는 번역어 창출 과정에서의 동양적 사유의 산물인 것이다.

예컨대 니시가 창출해낸 번역어, 즉 신조어에 대해서는 스스로 『생성발온(生成發蘊)』(1873)의 주석에서 상세히 설명하고 있다. 이 책의 제1권 제1편-영어의 'psychology'(현재는 心理學이나 心理로 번역됨)와 'philosophy' 및 'idea'(현재에는 철학용어로서 플라톤의 이데아, 이념, 관념으로 번역되고 일상회화에서는 아이디어로 사용된다)에 해당하는 번역어의 니시 아마네 주석은 다음과 같다.

니시 아마네 번역어 창출의 용례[23]

㉠ 성리학(性理學)은 영어의 사이콜로지, 불어의 프시콜로지-로서 둘 다 그리스어의 프시케-, 즉 혼(魂) 내지 심(心)의 뜻과 로지-, 즉 논(論)의 뜻에서 온 것이다. 다만 오로지 영혼의 체(體)를 논하는 동양(東洲)의 성리[性理]라는 말과 비교하면 이것은 심성(心性)의 쓰임(用)을 논한다는 차이가 있다. 그러나 크게 보아 서로 비슷하므로 바로 성리(性理)라 번역한다.

㉡ 철학(哲學) 원어, 영어로 필로소피, 불어로 필로소피-로서 그리스어의 필로, 즉 사랑하는 사람이라는 뜻과 소포스, 즉 지혜[賢]라는 뜻으로부터 전래되어 지혜를 사랑하는 자[愛賢者]의 뜻이며, 그 학(學)을 필로소피라 한다. 주무숙[周茂叔, 호는 염계(廉溪), 1017~1073]의 이른바 사희현(士希賢)의 의미인데, 후세의 습용(習用)으로 오로지 리(理)를 강(講)하는 학(學)을 가리킨다. 직역하자면 이학(理學), 이론(理論) 정도가 되겠으나, 다른 것과 분간하기 어렵기 때문에 지금 철학(哲學)으로 번역하여 동양(東洲)의 유학(儒學)과 구분한다.

㉢ 관념(觀念)이라는 말은 불어에서 나왔는데, 지금 이 책에서는 영어의 아이데아, 불어의 이데-라는 말을 번역한 것이다. 둘 다 그리스어 이데인 즉 본다(見)는 뜻에서 왔다. 즉 물상(物像)의 생각(想) 가운데 있는(存) 것을 가리키며, 또 넓게는 이상(理想)의 마음(心)에 나타나는(現) 것도 가리킨다. 플라톤(伯拉多) 학파에서는 리(理)라는 말과 같이 넓은 뜻으로 보았다.

이 표 안의 내용에서 주목해야 할 역어는 역시 성리학과 철학이라는 용어일 것이다. 우선 'psychology'와 그 첫 번역어인 성리학 및 그 최종적인 번역어 심리학(心理學)에 관하여 살펴보자. 이 '성리'와 '심리'는 우선 중국의 유교사상사에서 볼 때, 주자학의 대명제 '성즉리(性卽理)'와 양명학의 대명제 '심즉리(心卽理)'를 연상해 볼 수 있다. 그리고 그러한 명제 하에서 니시는 서양 언어와의 접점을 찾았고, 그것을 새로운 의미의 한자어로 재구성한 것이다.

니시는 'psychology'를 중국 정주학(주자학, 넓게는 유교사상)의 체용(體用) 관념을 사용하여 이 말이 '성리(性理)'라는 용어와 비슷하다는 논리를 내세워 '성리학'으로 번역하고 있다. 단지 서양의 'psychology'가 심성의 용(用)을 논하는 것과 약간의 차이가 있다는 단서를 달고 있다. 이러한 니시의 번역어 창출의 사유 방식은 정주학의 사유 방식인 마음을 두 가지로 나누는, 즉 성(性)과 정(情)의 분리에서 착안한 것 같다. 즉 성(性)도 마음에 포함되는 '본성'이고, '성즉리'의 대명제를 생각해 볼 때 'psychology'를 성리학이라고 번역한 것이다. 그 1년 뒤, 니시는 성(性)을 심(心)으로 바꾸고 현재까지도 통용되는 '심리학'이라는 용어를 창출해 낸다.

그럼 철학이라는 번역어 창출 과정도 살펴보자. 여기에도 주자학적 사유 방식이 작동하였다. 위의 표 안의 내용에 흥미로운 구절이 있다. 바로 주희에 의해 송학의 개조가 된 주돈이(周敦頤, 자는 무숙, 호는 염계)의 언설을 '철학'이라는 번역어의 설명으로 채택하고 있는 것이다. 이 설명에 사용된 '사희현(士希賢)'이라는 말은 원래 중국 북송(北宋) 때 주돈이의 『통서(通書)』 지학장(志學章) 제십(第十)의 맨 첫 구절에 나오는 말이다. 그 내용은 다음과 같다.

제국 지식인의 패러독스와 역사철학

성인은 하늘 같이 되기를 희구하고, 현인은 성인같이 되기를 희구하고, 사인(士人)은 현인같이 되기를 희구한다. 이윤(伊尹)과 안연(顏淵)은 위대한 현인이다.[24]

이 글은 사실 중국 유교사상사에서 가장 중시되는 관념인 성인(聖人)과 현인(賢人)에 관한 담론이다. 그리고 이 주돈이의 발언은 은(殷)나라 초기의 재상 이윤과 공자의 제자 안연을 위대한 현인으로 꼽고 있다. 그런데 '사희현'(선비는 현인을 바란다)은 '선비는 현명함을 추구하는' 것으로도 해석될 수 있기 때문에 니시는 바로 '철학'[밝은 학문], 'philosophy'에 관한 설명으로 그 '어질고 밝음[賢明]'을 추구한다는 의미로 표현한 것이다. 이처럼 서양의 개념은 이런 식으로 일본어로 옮겨졌고, 그 문화적 파급에 있어서도 근대의 중국과 한국 사회에 커다란 영향을 끼쳤다고 볼 수 있다.

또 결론적으로 볼 때 하나의 문화가 번역이라는 문화 위에 만들어졌다는 것은 이문화(異文化)가 개념의 함의를 벗어나서 만든 또 하나의 개념 위에 성립되었다는 것을 말해주고 있다. 원어(原語)와 역어(譯語)가 내포하는 의미의 다른 점에서 두 사회의 관습, 문화, 두 가치체계의 다름이 매우 선명하게 비춰진다.[25] 사실 니시아마네의 '친(親)유학적' 혹은 '유교사상적 요소'가 침투된 번역어 창출 사례는 이밖에도 무수히 많다. 즉 그가 창출한 의무(義務)라는 말은 『논어』에서, 권리(權利)는 『사기(史記)』「정세가(鄭世家)」편에서, 허무(虛無)는 『사기』「전완세가(田完世家)」편에서, 연역(演繹)은 주자의 『중용장구(中庸章句)』에서, 선천(先天)과 후천(後天)은 『역경(易經)』에서, 공간(空間)은 『관자(管子)』에서, 구체(具

體)는『맹자(孟子)』「공손추상(公孫丑上)」편에서 차용한 것이다.[26]

이렇게 니시의 번역어 창출 과정의 몇 가지 사례에서 보듯이 니시가 만들어낸 번역어는 그렇다 치더라도, 번역하는 과정에서의 사유방식은 철저히 유교사상의 테두리 안에서 작동하였다. 그 번역어 선정에 있어서도 예외는 있다 하더라도 중국의 선진(先秦)유학과 송명대의 정주학 텍스트에서 힌트를 얻어내었던 것이다. 강한 유교사상적 요소가 니시의 번역어 창출과정에서 작용한 것이다.

2. 번역으로서 동아시아 근대학술

동아시아(한중일) 근대의 번역은 문화적 사회적 토양을 달리하는 이질적인 두 문화(서양과 동양) 사이에서 진행된 문화교류 현상의 일종이다. 즉 동아시아 문화와 타자와의 소통인 것이다. 또 동아시아 근대기의 번역사업(혹은 번역문화)은 명실상부하게 타자인식과 자기인식의 과정으로 행해졌다. 따라서 번역 과정에서는 자기 내부의 언어(특히 유교사상적 용어)를 이용하여 타자의 언어(서양의 언어)를 이해할 수밖에 없었고, 수많은 자기 내부의 번역용 언어를 발견하고 새롭게 만들지 않으면 안 되었다.

그리고 그 과정에서 니시 아마네가 동아시아 근대 학술개념어 창출에 끼친 영향은 부정적인 평가이든 긍정적인 평가이든 간과할 수 없는 것도 사실이다. 니시의 번역어 창출에서의 한 특징은 중국사상, 특히 유교사상 속의 개념을 끌어들여 서양의 학술개념어와 대조했다는 데 있다.

예를 들면 중국 유교사상의 고전『논어』에서는 '문학(文學)'이라는 용어가 학문 일반을 의미하고 있었는데, 니시 아마네는 이

개념을 빌리면서 『백학연환(百學連環)』 속에서 그 의미를 바꾸어 '리터러처(literature)'의 번역어로 삼았다. 번역어로서의 '문학'은 우선 일본에서 만들어지고 뒤에 중국과 한국에도 수입된 것이다.[27] 즉 문학이라는 용어는 원래 『논어』의 「선진편(先進篇)」에 나온다. 그 글은 다음과 같다.

> 덕행(德行)에는 안연(顏淵), 민자건(閔子騫), 염백우(冉伯牛), 중궁(仲弓)이었고, 언어(言語)에는 재아(宰我), 자공(子貢)이었고, 정사(政事)에는 염유(冉有), 계로(季路)였고, 문학(文學)에는 자유(子遊), 자하(子夏)였다.[28]

사실 이 글은 중국 고대 선진유학에서 공자의 제자 가운데 특히 학덕이 뛰어난 10명을 평가한 것으로 소위 '공문십철(孔門十哲)'[또는 사과십철(四科十哲)]에 관한 평가이다. 이 글에서 덕행이란 모든 행위가 바른 것, 언어란 제후간(諸侯間)의 응대 수사(修辭)에 뛰어난 것, 정사(政事)란 치국(治國)에 재능이 있는 것, 문학이란 고전에 정통한 것이다. 즉 이 글에서 사용된 '문학'이라는 용어는 중국 송대 주자(朱子)의 해석을 따르자면 여기에서 거명된 사람들은 '시서예악(詩書禮樂)'에 대한 학식이 갖추어져 있을 뿐만 아니라, 그것을 언어로써 능히 표현할 수 있는 사람이며, 이를 보면 문학이란 '시서예악'에 대한 학식과 언어기술 능력이라 할 수 있다.

이렇게 보면 당시의 문학 개념은 오늘날의 문학의 개념보다는 막연하고 확대된 개념으로 광범위한 문자 행위와 지적 행위를 뜻하는 문필(文筆) 행위나 문화 전반을 의미했으나, 문자 행위가 좀 더 다양해지고 구체적으로 언어예술이 등장하면서 오늘날의 문학 개념으로 특화되었다고 할 수 있다. 이와 같이 문학이란 본래 문자로 된 모든 것을 의미하며 문화적 차원의 용어로 쓰였다. 그러나 차츰 문필 행위가 축적되면서 훌륭한 문장 또는 좋은 글을 뜻하게 되었다. 다시 전문적 문인의 탄생과 더불어 오늘날의 장르 개념과 같이 다양한 언어예술을 포괄하는 개념으로 정착된 것이라 할 수 있다. 그리고 이러한 현대적 의미에서의 '문학' 개념을 창출해낸 이가 바로 니시 아마네였다.

또 위의 절에서도 살펴보았듯이, 그는 동아시아 근현대 학술개념어 가운데 철학 관련 용어를 많이 번역하였다. 그의 이러한 철학 관련 용어에 대한 대량의 번역은 그 자신이 네덜란드 유학에서 얻고자 한 최종의 목적에서 시작되었다 할 수 있다. 그는 1862년 6월 18일 도쿄의 시나가와(品川)를 출발하여 네덜란드 유학길에 올랐는데, 10개월이라는 긴 여정 끝에 1863년 4월 18일에 네덜란드에 도착하였다. 그 네덜란드에 상륙하기 전에 배 안에서 '관계자 각위'라고 시작되는 편지(원문은 네덜란드어)를 썼는데, 그 편지 내용을 살펴보면 니시의 유학 목적이 어디에 있었는지 명확히 드러나 있다. 주목할 것은 인용문의 맨 뒤에서 'philosophie'[이 당시는 철학이라는 번역어가 탄생되기 이전임] 공부에 대한 열정을 피력한 부분이다.

유럽 제국(諸國)과의 관계에 있어서도, 또한 많은 내정상의 문제 및 시설의 개량을 실행하기 위해서도 보다 더 한층 필요한 학문이

제국 지식인의 패러독스와 역사철학

있고, 이것들은 통계학, 법률학, 경제학, 정치학 및 외교학 등의 영역에서 추구하지 않으면 안 됩니다. 하지만 이들 학문은 일본에서는 아직 전혀 알려져 있지 않습니다. 그 때문에 우리들이 의도하는 바는 이들 모든 학문을 배우는 데 있습니다. 하지만 거기에는 곤란한 문제가 있습니다. 그것은 겨우 2, 3년의 체재 기간 동안에 이처럼 많은, 또한 이렇게 중요한 사항을 전부 배운다는 것은 실제로 불가능한 일입니다. 저의 계획으로는 (여러 학문 영역의) 요점만을 간추려 배우고 싶습니다. (······) 이밖에 또 저는 philosophie[철학] 혹은 wijsbegeerte[애지학(愛智學)]이라 불리는 학문의 영역도 배우고 싶습니다. 우리나라의 법률로 금지되어 있는 신학(神學)과는 달리, 이 학문은 데카르트, 로크, 헤겔, 칸트 등이 창도한 것입니다. 이 학문[철학]을 배우는 것은 매우 어려운 일이라 생각됩니다만, 저의 생각으로는 이러한 학문[철학]에 대한 연구는 우리나라 문화의 향상에 도움이 되는 바 적지 않기 때문에 단기간으로는 아마도 어려울 것이라 생각됩니다만, 그 일단(一端)이나마 배우고 싶습니다.[29]

실용적인 사회과학적 학문을 습득하기 위한 유학이지만, 덧붙이는 말 속에 '철학' 운운의 발언을 하면서 이 철학에서 무언가를 더 배우고자 하는 열정이 드러나 있다. 그 무언가는 역시 자국의 문화, 그것도 '사상문화'였던 것이다. 그리고 니시는 귀국 후에 이 철학이라는 학문에 대한 열정으로 수많은 철학 관련 용어를 창출해 내었다. 그가 창출해낸 번역어는 지금까지도 동아시아 근현대 철학사에서 확고한 위치를 점하고 있고, 또 그가 창출해낸 철학 용어는 한, 중, 일 삼국에서 아직도 보편적으로 사용되고 있는 것이다.

예컨대 동아시아의 근현대 서양철학에서 가장 중요시되는 개념인 '이성(理性)'의 경우, 중국 남북조(南北朝)시대 송나라의 범엽(范曄, 398~455)이 쓴 역사서 『후한서(後漢書)』나 주자학에서 중시하는 텍스트 『소학(小學)』 등 여러 유교사상 관련 문헌에 나오는 말이다. 여기에서는 이 말이 원래 "성(性)을 다스리다."라는 뜻이고, 불교에서는 '사상(事相)'의 대칭 개념으로서 '만물의 본성'이라는 뜻이며, 서양철학의 '리즌(reason)'이 아니다.[30]

즉 '이성'의 출전은 『후한서(後漢書)』 「당고열전(黨錮列傳)」, 중국 송학(주자학)의 개조라 일컬어지는 주돈이의 『통서(通書)』 「이성명장(理性命章)」, 또 북송대 이정(二程) 형제의 『하남정씨유서(河南程氏遺書)』 등에 보인다. 특별히 『하남정씨유서』 권22상(上)에 보이는 구절을 인용해 보면, 거기에는 "본성[性]이 바로 이치[理]이다. 소위 이성(理性)이라는 것이 그것이다. 천하의 이치[理]는 원래 스스로 그러한 바이며, 선(善)하지 않은 것이 없다."[31]고 되어 있다.

즉 이 말을 다시 풀어보면 "성(性)이 바로 리(理)이고, 이른바 '이성(理性)'이란 것이며 이 세상 속의 리(理)는 그 유래를 더듬어 볼 때 선(善)이 아닌 것이 없다."고 하는 뜻이다. 성(性)과 리(理)가 동의어임을 암시하고 있는 것이다. 이제 목적어+동사로서 '성을 다스리다[理性]'의 의미는 사라지고, '이(理)'와 '성(性)'이 동격이 된 것이며, 자연스럽게 이성이 '명사화'되었다고 볼 수 있다. 주지하다시피 주자학의 '성즉리'설은 북송 때의 이정 형제, 특히 동생 정이(程頤)에 이르러 정립되었다고 할 수 있다.

제국 지식인의 패러독스와 역사철학

그것이 주희의 주석 작업에 의해 주자학(국내에서는 성리학)으로 새롭게 탄생한 것이다. 그리고 위와 같이 송학에서 사용하는 '이성(理性)'이란 리즌(reason)의 번역어로서 현재 보편적으로 사용되고 있는 '이성'의 의미는 아닌 것이다. 이렇게 니시는 본래의 중국 고전 내지는 유교사상의 텍스트에서 사용하는 이성이라는 개념을 도입하면서도 완전히 새로운 의미의 번역어로 창출해 내었는데, 그것이 바로 리즌(reason)의 번역어가 된 것이다.

그럼 니시가 창출해낸 리즌(reason)의 번역어 '이성'[32]에 대해 더 구체적으로 살펴보자. 황성근은 니시의 저작에서 사용된 이성의 사례들을 상세히 살피고 있다. 그는 「철학관계단편(哲學關係斷片)」(1870~75, 42~47세), 『생성발온(生成發蘊)』(1873, 45세), 「지설(知說)」(1874, 46세), 『상백답기(尙白答記)』(1882, 54세) 등의 저작에서 사용된 '이성'의 사례를 살피고 있는데, 정리하면 다음과 같다.

니시 아마네의 저작	'이성'의 의미
「철학관계단편(哲學關係斷片)」(1870~75, 42~47세)	이유 혹은 근거로서의 '이성'
『생성발온(生成發蘊)』(1873, 45세)	판단(判斷)하고 결정(決定)하고 변별(辨別)하는 '이성'
「지설(知說)」(1874, 46세)	논리적인 체계를 만들고 논증하는 '이성'
『상백답기(尙白答記)』(1882, 54세)	시비분별의 근거, 마음에 옳다고 정해진 것—'이성'

이렇게 니시의 번역어 '이성'은 근대 서양의 학술과 조우하게 되면서 완전히 새롭게 재구성되어 동아시아 근현대철학의 중요 개념으로 자리잡게 된 것이다. 이밖에도 그가 중국의 고전에서 채용한 번역어들은 '의식(意識)', '관찰(觀察)', '분류(分類)', '연역(演

繹)' 등이 있으며, 이에 반해 그 자신이 만들어낸 신조어(新造語)' 에는 '주관(主觀)', '추상(抽象)', '정의(定義)', '귀납(歸納)' 등의 철학적 용어도 있다. 이 번역어들은 주지하다시피 일본 근대의 학지(學知)를 구성하는 중요 용어임과 동시에 그 후 동아시아 근현대의 학술개념어에서 결코 빠뜨릴 수 없는 일부분이 되고 있다.

흥미로운 사실은 현재 우리들이 "니시 아마네의 번역어를 쓰지 않고는 현상(現象)을 관찰(觀察)하거나 추상(抽象)하거나 개념(概念)을 정의(定義)하거나 분류(分類)하거나 이성(理性)적인 명제(命題)를 합성(合成)할 수 없다. 즉 일반적으로 철학(哲學)적인 사고(思考)는 불가능하다."라고 말할 때, 이 인용문 안의 밑줄을 친 단어들은 모두 그의 번역어이다.[33] 그것이 중국 고전(古典)에 의거하는지 그렇지 않은지, 의거한다면 원래의 의미는 어떤 것이었는지는 오늘날 거의 잊혀진 채 번역어로서의 의미만 살아남아 있다. 일본어는 메이지 초기의 번역어들을 흡수하면서 변화했다. 주로 번역어로부터 성립된 그 어휘들을 전제하지 않고서는 근대 일본의 사회와 문화를 생각할 수 없다.[34] 이와 같은 상황은 근대 한국의 사회와 문화에도 적용 가능한 문제일 것이다. 게다가 번역이 전제되지 않는 한, 근대 동아시아의 학술 상황을 묘사한다는 것은 어불성설이다.

그러한 의미에서 번역은 일본 근대학술의 요체이며, 더 나아가 동아시아 근대학술의 핵심인 것이다. '번역' 없는 동아시아 근대는 상상하기 어려우며, 근대성과 오리엔탈리즘, 그리고 그 반발로서 등장한 옥시덴탈리즘을 생각해 볼 때도 번역이 전제되지 않는 한 이해되기 어려울 것이다. 즉 번역으로서의 동아시아 근대학술

제국 지식인의 패러독스와 역사철학

인 것이다. 특히 동아시아의 서양철학 수용사에서 가장 큰 역할을 담당했던 것도 번역이라는 제2의 창작 활동을 잊어서는 안 될 것이다.

맺음말

근대 일본의 중국상(中國像)은 근대화 과정에 수반된 구조적 특질로서 '탈아론(脫亞論)'의 입장으로 설명되기도 한다. 아시아를 초월한 일본을 전제하고 그 위에서 아시아는 바로 중국을 의미하였다. 그것도 유교사상을 통치 이데올로기로 삼았던 중국 대륙에 존재했던 수많은 전제 왕조는 '아시아적 정체성'의 표본이었다. 고야스 노부쿠니의 견해에 의하면 후쿠자와 유키치(福澤諭吉, 1834~1901)가 『문명론의 개략(文明論之槪略)』에서 말한 것처럼 일본의 근대화가 서양 문명을 모범으로 한 문명화(文明化)인 이상, 후진국 중국과의 차이화는 근대 일본·선진국 일본의 자기 증명으로서 정치적으로 또 인식론적으로 수행되었다고 한다.

또 고야스는 역사적으로 볼 때 중국과 그들의 한자(漢字) 문화가 일본에게는, 특히 일본의 기록 문화에는 참으로 거대한 존재였다고 주장하면서 중국 문화는 일본 문화 성립의 불가결한 전제이며 불가피한 성립 조건이었다고 말한다. 설령 일본인의 민족의식이 부정하려 들더라도 중국 문화를 전제하지 않은 일본 문화의 존립은 불가능하다는 것을 부인할 수 없다고 고야스는 지적하고 있는 것이다.[35] 사실 일본의 근대화 과정에 있어서 거대한 타자로서의 중국은 뛰어넘지 않으면 안 될 초월과 극복의 대상이었고, 중국에서 만들어진 사상과 문화는 낡은 유물에 지나지 않는다고 폄하하지 않으면 안 되었다. 그렇지 않으면 '탈아론'은 성립될 수 없는 논리였고 일본의 정체성과 우월성을 부각시키기 위해서는 당연한 인식이기도 하였다. 하지만 부정하려 들려 해도 중국문화 없는 일본의 문화는 고야스의 지적처럼 상상하기 어렵다. 특히 일본의 근대학술 사조는 중국문화의 한 요소인 유교사상을 제외하고, 또한 유교사상에 사용된 언어를 배제하고서는 성립되기 어려운 것이었다. 이 논문에서 다룬 니시 아마네의 경우도 마찬가지였다. 중국의 유교사상과 그 언어적 개념이 없었다면, 서양학술과의 만남에서 번역에 이르는 과정과 결과물로서의 번역어 창출은 기대하기 어려운 일이었다.

제4부에서는 이러한 전제 하에 니시 아마네의 번역어 창출 과정과 중국의 유교사상이라는 두 축을 설정하면서 논의를 전개하였다. 그와 같은 논의를 전개하기 위해 니시 아마네의 사상적 기초가 된 주자학과 소라이학의 영향 문제에 대해 언급하면서 마침내 서양학술과 조우하는 장면에서 드러난 중국의 유교사상을 부각시켰다. 또 니시 자신이 창출해낸 번역어에는 대개 유교사상적 요소가 깃들어 있다는 점을 지적하면서 더 나아가 '번역으로서의 동아시아 근대학술'이라는 문제까지 논의하였다.

이를 통해 니시의 번역어 창출 과정과 그 산물인 학술개념어가 유교사상의 사유 방식과 유교사상 텍스트 속의 개념을 전제하지 않고서는 존재할 수 없다는 것을 의론하였다. 과히 일본의 근대, 더 넓게는 동아시아 근대는 '번역의 근대'이고, 이를 증명해주는 지식인이 바로 니시 아마네였다.

제5부
부록: 일본의 근대 학술사조와 양명학

일본의 근대를 논할 때면 대개 그 기준이 되는 시점은 메이지유신이다. 왕정 복귀로서의 메이지 유신은 근세 도쿠가와 시대와는 여러 방면에서 확실히 다른 시대였다. 제도적으로는 도쿠가와 시대를 지탱하던 막번체제가 해체되었고, 사상사적 측면에서는 다양한 사조(서양의 근대철학, 기독교사상, 양명학 등)가 등장하고 재조명되었다. 사실 근대 이전 시기인 일본 근세사상사에서 볼 때 가장 두드러지고 그 영향력이 강했던 하나의 학술사조를 언급해 보면 그것은 신유교(新儒教, Neo-confucianism)의 유행일 것이다. 조선에서는 주자학의 변형된 형태로서 조선 성리학이 탄생하였고 조선왕조 500년의 역사와 함께 사상계는 물론이고 정치계에서의 입지를 확보하여 주도적 사상 유파를 형성하였다. 그럼 일본 근세의 역사 속에서 볼 때 신유교의 위력은 어떠했을까. 일본 학계에서 이론의 분분은 있지만, 대체로 인정하는 것은 도쿠가와 막부의 시작과 함께 주자학은 체제유지를 위한 '치학(治學)'으로서 정치계와 사상계에서 주목을 받기 시작했다는 것이며, 또 일본 근세 사상사에서 볼 때도 결코 빠뜨릴 수 없는 위치에 있었다는 견해가 통설이다. 물론 이러한 통설에 대해 비판을 제기하는 일련의 학자도 있다.[1] 하지만 유교사상, 그 중에서도 주자학이 도쿠가와 정권과 밀접한 연관을 가지고 있었다는 것은 부정하기 어렵다.

한편 주자학과 쌍벽을 이루며 동아시아 근세사상사에서 다른 한 축을 구성하는 양명학은 근세 일본에서 어떠한 위치를 점하고 있었을까. 통설에 의하면 일본인이 양명학을 처음 알게 된 것은 1660년 전후의 시기라고 한다. 또 이 17세기는 일본에서 신유교가 활발하게 수용되어 사상계가 비약적으로 발전한 시대이며 주자학파와 양명학파 이외에도 유교사상의 안티테제로서 출발한 고학파(古學派), 고문사학파(古文辭學派) 등이 성행한 시대이기도 하다. 그러나 주자학의 사상사적 위상에 비하여 도쿠가와 시대 일본에서의 양명학은 비록 다수의 양명학자를 배출했다고는 하나 그다지 주목받는 사조가 아니었다. 본격적으로 일본에서 양명학이 사회적으로 영향력을 행사하기 시작한 것은 막말유신기이며, 메이지시대가 되어 비로소 그 찬란한 빛을 발하기 시작했다고 말할 수 있다. 근세 이후 일본 지식인층에서의 유교사상에 대한 인식은 다름 아닌 중화사상에 대한 초월과 극복의 과정이었으며, 양명학은 막말기(幕末期) 일본 지식인층들에게 지사정신(志士情神)으로서 높이 숭앙받았던 사상적 조류였다. 그 단적인 예가 주자학의 안티테제로서 등장한 고학파와 국학파(國學派), 미토학(水戶學) 등이 대표적이다. 이러한 경향은 양명학에 대해서도 말할 수 있다. 양명학(=요메이가쿠)이라는 명칭 자체는 일본에서 만들어진 신조어이며 본토 중국에서의 명칭은 요강학(姚江學)이나 심학(心學)으로 불리던 것이었다.

그래서 이 제5부에서는 근대 일본의 다양한 사조 속에서의 양

제국 지식인의 패러독스와 역사철학

명학의 사상사적 위상 문제에 초점을 맞추고 전근대기 일본에서
의 유교사상에 대한 인식, 메이지유신의 사상적 배경, 메이지시
대의 사상적 조류, 양명학의 재발견과 유행 등에 관한 문제에 관
하여 논의하고자 한다. 이와 같은 논의를 통하여 일본의 근대화
과정 속에서 중국의 유교사상이 어떠한 위치를 차지하고 있었는
지, 혹은 양명학이 한국에서의 저조한 위상과는 달리 일본에서 왜
각광받게 되었는지를 이해할 수 있을 것이다. 더 나아가서는 전
체 일본 사상사를 관통하는 전형적 특징이라 할 수 있는 '습합(褶
合)'[2]의 정신에 관해서도 이해하게 될 것이다.

제1장 유교사상과 메이지시대의 사조

1. 유교사상 이해의 단서-초월과 극복

동아시아 역사의 고대부터 현대에 이르기까지 중국-중국이라
는 실체는 근대 이전 시기에는 존재하지 않았지만, 여기서는 현대
의 통상적 의미로서의 중국을 지칭한다-은 일본의 입장에서 볼
때 넘을 수 없는 혹은 넘지 않으면 안 되는 거대한 타자(他者)로
존재해 왔고, 중국에서 탄생한 다양한 사상적 조류는 예나 지금이
나 여전히 위력을 떨치고 있다. 그것은 일본뿐만 아니라 동아시
아 세계에서 또 한 축을 차지하는 한국의 역사 속에서도 마찬가지
의 일이었다. 그 가운데 유교사상은 일본 도쿠가와(德川) 시대에
들어와 주자학과 양명학의 유행과 함께 일본 사회에 많은 영향을
끼치게 되었다. 또 도쿠가와 시대에 국한된 것만이 아니라 메이지
(明治)유신 이후에도 그 영향력은 과소평가될 수 없다.

따라서 중국 문화 가운데 대표적인 것이 다름 아닌 유교사상 혹
은 유교문화였다는 것은 두말할 나위도 없다. 특히 중국 역사에서
송대(宋代) 이후에 본격적으로 등장하는 유교사상의 유파인 '신유
교'(=주자학)가 가마쿠라(鎌倉) 시대가 되어 일본에 이식되자 처
음에는 선승(禪僧)들에 의해 불교적으로 이해되었지만, 후에 조
선 성리학의 영향으로 인하여 정치철학적 담론으로 변용·수용되

제국 지식인의 패러독스와 역사철학

는 양태를 보인다. 하지만 일본인 특유의 문화융합 방식의 하나인 '습합'의 방법에 의해 신유교에 대한 안티테제도 서서히 출현하였다. 독일 근대 철학자 헤겔(Hegel, 1770~1831)의 정반합적(正反合的) 변증법과 같은 구조로 사상계에서는 일본 고유의 정신을 접목하여 그들 나름의 고학(古學)을 주창한다. 그 정신을 일본중심주의 내지는 일본정신의 맹아라 보아도 무방할 것이다. 그들의 주장은 유교사상(혹은 신유교로서의 주자학)에 대한 초월과 극복을 목표로 한 '반(反) 주자학'적 경향이었다. 다시 말해 이것은 거대한 타자인 중국 문화에 대한 초월과 극복의 한 사례였으며, 거대한 타자에 대한 자기정체성(自己整體性) 확립의 굳은 의지였다. 또 그것은 타자인식을 통한 철저한 '자기인식'의 과정이기도 하였다.

일본사상사에서 고학파는 도쿠가와 시대 전·중기에 주자학을 비판하고 고대 경서(經書)의 본래의 의의에 대한 파악을 지향하여 유가사상의 새로운 전개를 도모한 유자들을 총칭하는 개념이다. 이 고학파라는 명칭은 일본의 근세 유학을 주자학파, 양명학파, 고학파라는 세 종류로 파악하여 학파적으로 체계화시킨 이노우에 데쓰지로(井上哲次郎, 1855~1944)가 이토 진사이(伊藤仁齋, 1627~1705)와 야마가 소코(山鹿素行, 1622~85)의 학풍에 오규 소라이(荻生徂徠, 1666~1728)의 학문 경향을 더해 이 세 학자를 고학파의 대표로 삼은 것에서 유래한다.[3] 우선 이토 진사이(伊藤仁齋, 1627~1705)는 중국 본토 주자학의 리(理)와 경(敬)에 관한 사상을 비판하고 독자적으로 '인애(仁愛)'의 윤리를 설파한 인물로 유명하다. 그는 주자학에 대한 비판을 사상적 근거로 삼으면서 주자학과 양명학의 사유 방식이 경서의 해석 방법을 왜곡시키고 있다고 하여 원래의 뜻대로 자구 해석을 하는 고의학(古義學)을 제창하였다. 즉 진사이(仁齋)는 '공맹(孔孟)의 본지(本旨)'를 분명히 밝히는 것을 목표로 삼았다. 그는 주자와 그 후학들을 포함하여 후세의 유학자들에 의한 경서의 사변적인 해석적 언사를 배척하면서 '공맹의 본지'를 직접 경서 속에서 밝힐 것을 주장함으로써 고학파의 입장을 만들어낸 것이다. 진사이가쿠(仁齋學)는 신유교 가운데 주자학에 대항하려는 의식이 강하였다. 그것은 곧 중화질서 혹은 중화사상에 대한 안티테제이자 대항이었다고 할 수 있다. 그런데 이토 진사이는 처음에 주자학을 신봉하여 게이사이(敬齋)라는 호를 붙였는데, 이와 같이 게이사이에서 진사이로의 변화에서도 그 사상적 전환을 엿볼 수 있다.

오규 소라이의 경우는 도쿠가와 쓰나요시(德川綱吉, 第五代將軍으로 재직은 1680~1709)를 보필하던 궁중 의사의 아들로서 태어났는데, 처음에는 주자학으로 학문의 길에 들어선다. 하지만 만년이 되어 주자학의 창시자인 주희(朱熹)의 사상을 비판하고 예악(禮樂)과 문학을 중시하는 독자적 교설을 수립한 인물이다. 경서 해석을 위해서는 중국 고대의 언어에 정통할 필요가 있다고 하여 고문사학(古文辭學)을 제창하였는데, 훈독이 아니라 당음(唐音)에 의한 독해를 주장하였다. 게다가 소라이는 한 발짝 더 나아가 진사이의 고의학을 비판하기에까지 이른다. 당초에 주자학자로서의 입장으로부터 그의 진사이 비판이 이루어졌다. 그런데 일단 주자학을 떠나자 진사이의 고의학도 방법으로서는 주자학의 동류(同類)에 지나지 않는다고 비판하기에 이른 것이다. 주자학은 그에게 더 이상 매력적이지 않은 사조에 불과했던 것이다. 그의 방법

제국 지식인의 패러독스와 역사철학

은 고의학보다도 더욱 철저하게 옛 시대에 있어서의 말의 의미를 탐구하고 그 용법이나 문법에 따라서 실제로 작문하는 것을 종지로 삼은 것이었으며 그것이 바로 고문사학이었던 것이다. 진사이에게 일면으로는 반발하고 다른 일면에서는 영향을 받고 있던 만년의 오규 소라이는 개인 수양을 중시하는 주자학이 공자의 본의(本意)에서 떨어진 것이라고 보아 성인의 도(道)란 예악형정(禮樂刑政)에 다름 아닌 것이라고 주장하기도 하였다. 이러한 소라이의 사유 방식도 주자학에 대한 반대와 대항(=안티테제)이었으며, 중화사상과 문화에 대한 초월과 극복을 추구한 것이라 할 수 있다.

진사이, 소라이와 함께 일본 근세사상사에서 고학파 창설자의 한 사람으로서 소개되고 있는 인물이 야마가 소코이다. 고학파 가운데 일본주의적 경향 혹은 일본정신을 가장 잘 체현한 학자로도 평가받는다. 즉 그는 도쿠가와 시대 초기에 활약한 유자였는데, 병학자(兵學者)이자 사도론(士道論)과 고학의 주창자, 또 일본주의(日本主義)의 주창자로서 선구적인 주장을 폈다고 평가받고 있다. 그의 경우는 일본 고유의 신도(神道)에 대해서는 적극적으로 부정하고 있지 않지만, 불교에 대해서만큼은 극렬하게 부정한다. 또 주자학 등 신유교에 대해서도 강하게 거부하면서 오로지 공자·맹자 등 고대 중국의 유교사상을 존중하는 고학을 표방하였다. 후년이 되어 『중조사실(中朝事實)』을 지어-하지만 일본만이 세계 최고라고 하는 독선적인 일본중심주의를 반복적으로 주장하면서-학문의 풍토성을 주창했다고 한다.[4] 한편으로 그는 전투 행위가 없어진 평화로운 시대에 있어서의 무사(武士)의 삶의 방법을 제시한 사상가이기도 하다. 그가 태어나 살았던 시대는 태평의 확립기였으며 이제 무사 계급은 스스로를 전투자로서 규정하고 있을 필요가 없는 시대가 되었다.

그래서 야마가 소코는 그러한 시대의 무사의 존재 근거를 새롭게 유교 도덕에서 발견하고 거기에서 무사가 갖추어야 할 삶의 양식을 '사도(土道)'로서 제창한다.[5] 도덕을 궁구하여 사회 질서 유지에 올바른 도(道)를 견지하는 것이 무사의 직분이며 스스로의 생활도 나날이 도덕적으로 엄격하게 규율해 나가야 함을 설파하고자 했던 것이다. 결국 그는 신유교 사상에서의 사대부와 사도론을 일본식 환경에 맞게 무사(=사무라이)에 대응시키고 무사도론(武土道論)를 전개한 것이다. 이렇게 볼 때 야마가 소코의 경우에도 그 학문의 출발점은 중국의 신유교였고 그것에 대한 반성적 고찰과 고심의 산물이 일본 사무라이의 무사도론으로 변용되었다고 볼 수 있다.

일본 근세 초기부터 거대한 타자로서 본격적으로 등장한 유교 사상과 중국문화는 일본의 지식인들에게 초월과 극복의 대상일 수밖에 없었다. 그렇기에 이러한 타자인식의 바탕 위에서는 중국 본래의 신유교의 형태와는 차별적으로 구별되는 '일본식'의 사상 유파가 탄생하는 것은 당연하였다. 그 시작이 바로 신유교(=주자학)에 반기를 든 고학파의 사상이었다. 또 그 뒤를 이어 대표적 일본중심주의로서 국학(國學)이 등장한다. 국학이라 하면 도쿠가와 시대 중기에 성립한 기기신화(記紀神話) 등의 고기(古記)와 고문헌에 대한 새로운 방법론을 통하여 일본의 자기동일성을 둘러싼 언설을 전개하고, 또 기기신화(記紀神話)와 그 사적(事跡)의 새로운 이해에 바탕을 둔 세계상을 구성함으로써 막부 말기에 정치세

제국 지식인의 패러독스와 역사철학

계와 향촌사회에 커다란 영향을 끼쳤던 유파이다. 다시 말해『고사기(古事記)』,『일본서기(日本書紀)』,『만엽집(万葉集)』 등의 고전에 대해 주로 문헌학적 연구에 근거하여, 특히 유교·불교의 도래 이전의 일본국 고유의 문화 및 정신을 분명히 밝히고자 한 학문 유파였던 것이다. 근세기 학술의 발달과 국가의식의 발흥에 동반하여 형성된 사조이며 가다노 아즈마마로(荷田春滿), 가모노 마부치(賀茂眞淵), 모토오리 노리나가(本居宣長), 히라타 아쓰타네(平田篤胤)가 국학(國學)의 4대 학자로 꼽히며 그 문류(門流)들에 의해 서서히 확립되었다. 이 국학파의 사상적 입장이 탄생한 것도 유교사상으로 대변되는 중국문화에 대한 대항의식의 발로였다. 대항의식의 형성에는 타자가 반드시 설정되지 않으면 안 되기 때문에 당시 세계사적인 시점에 입각하여 논의해 보더라도 동아시아 세계에서 중국이 차지하는 위상은 여러 방면에서 지대할 수밖에 없었다.

그리고 근세 일본의 경우 그 극복 대상으로서의 타자는 중국이 되지 않으면 안 되었다. 다음으로 미토학(水戶學, 특히 후기 미토학)의 존재가 있다. 이 학파는 일본 근대기의 국체사상(國體思想)에 지대한 영향을 끼친 유파이며 유교사상(특히 여기에서는 양명학)과의 연관성을 부인할 수 없는 사상 유파이기도 하였다. 중국에서 수입된 유교사상의 변용현상이 여기에서도 확인이 가능하고 그 중에서 후기 미토학의 특징은 존왕양이론(尊王攘夷論)으로서 대변되며 일본 근대기의 국체사상으로까지 이어지고 있음을 간과할 수 없다.

지금까지 일본 근세사상사 분야에서 중국 유교사상에 대한 문제의식을 살펴보았는데, 그 하나의 결론으로서 확실한 것은 일본 지식인층에게 중국의 유교사상과 문화는 거대한 타자로서 초월과 극복의 대상이 되었다는 사실이다. 그 결과 일본 지식인층에서는 자기정체성 확립을 위한 노력의 산물로 다양한 학문 유파가 등장했다는 것이다. 이것이 조선 시대와는 구별되는 현상이었고, 조선이 성리학 독존의 사회였다는 것에 대하여 일본은 다양한 학문 유파가 유교사상에 대항하면서 초월과 극복의 산물로서 일본중심주의 사상이 탄생하게 되었다고 할 수 있다.

2. 메이지시대 사조의 한 특징

일찍이 고지마 쓰요시(小島毅)는『근대 일본의 양명학(近代日本の陽明學)』(講談社, 2006)이라는 제목으로 단행본을 출간했는데, 여기서 주목할 것은 일본 근대 메이지 제국을 지탱한 세 가지 사상 축으로서 칸트와 양명학 및 무사도를 언급했다는 점이다.[6] 이러한 내용은 이 책의 에피소드 넷째 부분에서 소제목으로서 명명한「제국을 지탱한 사상-칸트·무사도·양명학」이라는 것에서도 쉽게 알 수 있다. 흥미로운 사실은 중국 문화야말로 메이지시대의 정신적 지주였다고 평가한 부분이다. 중국문화란 다름 아닌 중국 선진(先秦)시대의 유교사상을 포함하여 중국 근세기에 태동한 주자학과 양명학이었다. 또 메이지시대에 가장 인기를 끌었던 철학으로서 칸트 철학을 언급하고 무사도 속의 중국사상(특히 양명학)을 언급한 부분이 인상적이다. 이와 같이 메이지시대의 사상적 조류의 한 특징으로서 말할 수 있는 것은 서양철학(칸트를 비롯한 서양의 사상)과 동양철학(양명학을 비롯한 유교사상) 및 무사도(일본의 사상)라는 세 축이 서로 병존하면서 융합하고 독자적 길을 모색했다는 것이다.

그러한 점에서 메이지 32년(1899)에 간행된 두 권의 책은 시사해 주는 바가 크다고 할 수 있다. 그 두 권의 책이란 가니에 요시마루(蟹江義丸)의『서양철학사』와 미카미 레이지(三神礼次)의『일본무사도(日本武士道)』이다. 1901년에 이노우에 데쓰지로와 가니에 요시마루가 공동으로 편찬한『일본윤리휘편(日本倫理彙編)』에서는 그 첫 부분에 양명학파에 관한 내용을 싣고 있다. 또 다카세 다케지로(高瀬武次郎)의『일본의 양명학(日本之陽明學)』(1898), 이노우에 데쓰지로의『일본 양명학파의 철학(日本陽明學派之哲學)』(1900) 등이 연이어 출판되기도 하였다.[7] 이에 앞서 1896년은 일본에서의 첫 양명학 관련 학술잡지인『양명학』창간호가 출간된 해이다. 덧붙여 일본 근대의 대표적 지식인 니토베 이나조는 1899년 미국에서 영어로『무사도(Bushido, The Spirit of Japan)』를 출간하면서 유교사상의 영향을 강하게 긍정하고 있다. 이와 같이 이 무렵 일본에서의 사상문화와 관련된 출판 상황을 보더라도 서양철학과 양명학 및 무사도가 집중적으로 조명되고 관심의 폭이 확장되었음을 알 수 있다. 이 시기가 바로 메이지시대였으며 이 시대는 사상의 폭주 시대라고도 말할 수 있을 것이다.

가니에의『서양철학사』에서는 그리스 로마 철학, 즉 기독교 이전의 시대가 고대, 교부(敎父)철학과 스콜라 철학-가니에는 번쇄철학(煩瑣哲學)이라고 번역- 즉 기독교 신학의 시대가 중세, 그리고 과도기를 사이에 두고 기독교로부터 철학이 독립하는 르네상스 이후, 사상가로 말하면 베이컨 이후의 시대가 근세가 된다. 게

다가 그는 근세철학을 두 개의 시기로 구분한다. 그 논지는 서양 철학사에서 위대한 철학자의 한 사람인 바로 칸트였다. 근세의 제1기는 칸트 이전, 제2기는 칸트 이후라고 규정한 것이다. 칸트 이후는 피히테, 헤겔 등의 독일 관념론의 계보이다. 그런데 이 책에서 결국 중핵으로 삼고 있는 것은 칸트였다는 점이다. 사실 가니에는 이 책 이전에 칸트-당시 일본에서는 칸트를 韓図라고 표기하였다-에 관한 논문을 쓰고 있다. 「칸트의『도덕순리학』경개(韓図の『道德純理學』梗概)」와 「칸트의 철학(韓図の哲學)」을 각각 메이지 30년(1897)과 31년(1898)에 발표한 것이다. 게다가 34년(1901)에는『칸트 윤리학(カント氏倫理學)』이라는 단행본도 출간하고 있다.[8] 이와 같은 가니에의 칸트 철학에 대한 관심은 가니에 한 사람만의 취향이 아니었고, 당시 일본 철학계 전체의 추세이기도 하였다. 19세기 말에서 20세기 초의 일본에 있어서 서양사상에 대한 관심은 이처럼 칸트 철학을 위주로 한 독일 철학이었던 것이다. 그것은 사상사 분야에서만 그친 현상이 아니었으며 정치와 국가체제의 문제에 있어서도 독일이라는 국가는 일본에게 매력적이고 모방하고 배워야 할 타자로서 인식되었다.

한편 메이지시대 무사도와 관련된 책은 앞에서 이미 언급했듯이 미카미 레이지의『일본무사도』와 니토베 이나조의『무사도』가 대표적이다. 이 두 권은 1899년 같은 해에 출간되었다. 그럼 미카미 레이지의『일본무사도』는 어떤 책일까. 고지마의 설명을 빌려보면, 그는『근대 일본의 양명학』에서 중국문화를 '메이지시대의 정신적 지주'였다고 평가하는데, 중국문화란 다름 아닌 선진시대의 유교사상을 포함하여 중국 근세기에 태동한 주자학과 양명학

제국 지식인의 패러독스와 역사철학

으로 대변되는 신유교였다. 그는 이 책에서 미카미 레이지의 저작 『일본무사도』를 구체적으로 언급하면서 다음과 같이 말한다.

　　과거의 중국문화는 무사도를 지탱하는 정신적 지주로서 작용해 왔다. 적어도 미카미(三神)를 비롯하여 메이지시대의 무사도 옹호론자들은 모두 그렇게 말하였다. 일본 고래(古來)의 무사도를 유교도덕의 깃발 아래 정착시킨 공적을 미카미(三神)는 에도 막부에 귀속시키고 있다. 그 덕목은 바로 '충효(忠孝)·절의(節義)·용무(勇武)·염치(廉恥)'였다. (중략) 유자(儒者)에 의한 '충효·절의·용무·염치'의 교육과 막부(幕府)에 의한 상벌의 집행에 의해 무사도는 에도 시대에 일본에 뿌리내리게 되었다고 미카미(三神)는 말한다. …(중략)… 미카미의 주장은 공교롭게도 같은 해에 미국에서 영문으로 출판된 니토베 이나조의 『무사도(武士道)』의 취지와 거의 일맥상통한다. 니토베도 메이지시대의 일본의 부국강병의 성공을 지탱하는 교육상의 지주로서 무사도 정신의 존재를 역설하였다.[9]

이와 같이 고지마는 미카미 레이지의 언설을 빌려 일본이 자부하는 혹은 그들이 자국 고유의 '야마토다마시이(大和魂)'의 하나라고 칭하는 무사도의 사상적 기초가 바로 중국문화였다고 고백하고 있음을 알 수 있다. 확실히 일본의 무사도뿐만 아니라, 메이지시대의 도덕적 담론을 검토해 보면 중국문화 가운데 유교사상의 덕목들이 약간 변형된 형태로 다수 존재하고 있으며, 근대 일본의 국민 도덕 창출에 지대한 영향을 끼친다. 그러면서 고지마는 미카미의 이와 같은 주장이 니토베 이나조의 『무사도』의 사상적 입장과 일치한다고 말하고 있다. 니토베의 『무사도』 성격과 구체적 내용 및 이 책에서 사용된 주요 용어 등을 살펴보면 아래와 같이 정리될 수 있을 것이다.

『무사도』의 구조―'신(神)·유(儒)·불(佛)의 융합―[10]

의(義)―올바른 정의(正義), 공정(公正), 신분, 본분(本分), 직무에 진력하기, 대우(待遇).	오륜(五倫), 오상(五常), 군신(君臣)과 인(仁), 부자(父子), 의(義)
용(勇)―기개(氣槪), 기력충실(氣力充實), 단력(膽力), 무용(武勇). 의(義)를 위해 행해야 할 것.	
인(仁)―측은(惻隱)의 정(情), 애정, 자비(慈悲), 이웃 사람과의 인애(仁愛).	
예(禮)―몸가짐, 예절, 절도(節度), 관습, 공명정대, 준법(遵法).	천신지기(天神地祇), 신불(神佛), 신앙, 신심(信心), 신념(信念)
성(誠)―성실(誠實), 신의(信義), 정직, 계약이행, 언행의 일치, 부동(不動).	
명예(名譽)―자기의 부끄러움을 아는 마음, 수치를 치욕을 설욕하는 행위, 상대방의 명예를 존중하는 일. 자기 양심과의 일치: 양심에 부끄럽지 않는 일. 천지신명(天地神明)의 맹세, 죄와 치욕과 책임감이 사생관(死生觀)과 밀착, 혼(魂)의 관념.	사생관념(死生觀念), 의미가 있는 삶과 죽음, 개죽음을 기피(忌避), 칠생보국(七生報國), 삼세인과(三世因果), 운명애(運命愛)
충의(忠義)―군주·주인(직속 계통에 한함)을 향한 인격적인 봉사와 희생.	
극기(克己)―절제, 절욕(節欲), 자아억제, 청명(淸明), 목욕재계, 극기복례(克己復禮), 신려(愼慮), 사양과 겸손, 사심(私心)의 극복, 공(公) 정신의 발휘.	
자살(自殺)―할복은 책임감과 마음의 결백, 잘못됨과 거짓이 없음을 증명하는 행위.	
구토(仇討)―주군(主君)과 친계 조상의 치욕을 설욕하는 일.	
부인(婦人)―내조(內助)의 공(功), 여성의 노고(勞苦)와 정애(情愛).	

이와 같이 니토베는 습합(褶合)의 정신에 근거하여 신도와 유교 및 불교의 용어 등을 빌려 적절하게 절충하고 융합하여 그 자신의

　　　　　　제국 지식인의 패러독스와 역사철학

무사도를 제창한 것이다. 결국 니토베의 무사도에 관한 사상적 연원을 세 가지로 압축하여 정리하면 불교, 신도, 유교사상(양명학을 포함하여)이 될 것이다.

그런데 주목할 것은 니토베의 경우에 신유교의 한 조류인 양명학이 중국 선진시대의 유교사상보다도 일본의 무사계급에게 더 영향을 주었다고 평가하고 있다는 점이다. 이러한 평가는 일본 근대기의 수많은 지식인들이 양명학을 평가한 것과도 일맥상통한다. 왕양명의 사상 속에 깃든 강한 실천주의적 요소(예를 들면 지행합일)가 무사들을 감화시켰다는 논리이다. 이 왕양명 또한 칼을 차고 전쟁에서 전투하던 군인이자 학자요 정치가였다는 것을 상기하면, 일본 특유의 무사도에 지대한 영향을 끼쳤다는 것은 쉽게 이해할 수 있을 것이다.[11] 결론적으로 볼 때 메이지시대의 사상적 조류는 이와 같이 서양철학, 특히 독일 관념론 철학의 유행, 일본 고유의 정신인 무사도의 재발견 및 중국 심학 혹은 요강학의 '일본 양명학화(化)', 그에 따른 양명학에 대한 일본적 이해라는 측면 등등에서 파악해 볼 수도 있을 것이다. 다음 장에서는 이와 같은 주제와 가장 밀접한 메이지시대 양명학의 사상사적 위상에 대해 다루어 보기로 한다.

제2장 일본 근대기 양명학의 위상

1. '일본 양명학'의 전개 양상과 특질

양명학이라고 하면 명대 중기 왕양명에 의해 주창되기 시작한 사상 유파를 말한다. 하지만 양명학이 동아시아 삼국에서 전개된 양상은 서로 이질적이었다. 특히 일본에서는 중국 본토의 양명학 이해와는 색다른 양명학관(觀)을 만들어냈고, 그것은 결국 '일본 양명학'이었다고 말할 수 있다. 일본에서는 메이지시대 이래 주자학과 양명학을 근세기 유교를 대표하는 2대 유파로서 병렬적으로 파악하는 것이 통설이다. 물론 양자가 발생 시점을 달리하는 것은 널리 알려져 있지만, 그 역사성에 관하여 논의되는 일은 거의 없었고 양자의 사유구조의 차이점에 주목한 분석과 고찰만이 행해져 왔다. 이노우에 데쓰지로는 양자의 차이점에 관하여 이렇게 서술하고 있다.

오로지 주자학이 관부(官府)의 교육주의라는 것이었지만, 이 때문에 양명학은 주로 민간의 학자에 의해 주장되었고 스스로 관민(官民)의 구별을 지어 양명학은 거의 평민주의(平民主義)와 같은 경향이 되었다. (『일본 양명학파의 철학』 서론)

이노우에 데쓰지로는 『칙어연의(勅語衍義)』(1891) 집필을 정부로부터 위탁받았던 인물이며, 또한 소위 우치무라 간조 불경사건 (不敬事件)에서는 「교육과 종교의 충돌(敎育と宗敎の衝突)」(1892)을 저술하여 우치무라 공격의 최선봉에 섰던 인물로써 메이지정부의 어용학자로 기억되고 있다.[12] 그는 윗글과 같이 중국 본토에서의 양명학과는 다른 위상을 '일본 양명학'에 부여하였다. 다시 말해 중국의 경우 양명학은 명대 중기에 등장하여 말기까지 강남 (江南) 지역을 휩쓸던 사상적 조류였고, 양명학 좌파의 경향이 비록 민간 강학(講學)에 힘쓴 점이 있어 평민주의 혹은 민중주의로 평가받기도 하지만 그것은 일부에 지나지 않았다는 사실이다. 대개 중국 본토에서의 양명학 담당자들은 과거시험 합격자들이 대부분이었으며 결코 평민주의라고까지는 말할 수 없다. 그런데도 이노우에는 양명학을 평민주의로 이해하고 있는 것이다. 사실 '일본 양명학'의 담당자들은 체재 내의 권력과 밀접한 관련을 가지고 있던 인물들에 의해 이루어졌던 것은 아니다. 즉 권력 밖의 재야 인사라고도 해야 할 인물들에 의해 관심의 대상이 되었고 결코 권력 안에서 관심을 끌고 논의가 이루어진 산물은 아니었다는 것이다.

이런 점에서 볼 때 '일본 양명학'에 국한할 경우 이노우에의 지적은 어떤 면에선 타당하다고 할 수 있다. 역사적 사실로 볼 때 도쿠가와 시대에 있어서 유교사상의 담당자는 대부분이 체재 밖의 인물들이었다. 중국 대륙의 송대와 명대 및 조선의 경우와 비교해 보면 그 점은 더욱 확실해진다. 유교사상, 특히 신유교(주자학과 양명학)의 언설은 정부의 중추부에 위치한 사람들에 의해 맡겨지고 있었다. 유교사상도 그 언설을 담당하는 주체도 모두 제도 안의 사람들이었다는 것이다. 그들은 대개 과거시험을 통해 조정에 출사한 엘리트관료 출신이었다. 하지만 일본의 경우 도쿠가와 시대에 유교사상의 언설을 담당한 유자들은 그러한 '과거(科擧) 시스템' 하에서 활동한 인물들이 아니었다. 이러한 점에서도 일본 양명학의 특질과 그 담당자들의 특질을 이해할 수 있을 것이다.

그래서 군인 관료로서 크게 두각을 나타낸 왕양명의 학문과 양명학은 일본에서 특히 실천을 중시하는 혁명적 사상으로서 이해되었다. 그 이유는 일본에서 신유교의 주요 담당자들이 대개 무사나 군인이었기 때문이다. 도쿠가와 시대에 이르면 원래 무인(武人)이었던 무사가 문관의 역할도 수행하게 된다. 무인으로서는 병학(兵學)을 배우고, 문관으로서는 유학을 배우는 것이 가장 바람직한 무사상(武士像)이었다.[13] 그러한 환경과 분위기 속에서 왕양명의 생애와 사상 및 그 후학들의 지행합일적 삶의 태도는 일본의 무사들에게 매력적인 인물로 인식되었고 양명학을 실천·행동의 사상으로서 받아들일 수밖에 없었던 것이다.

그런데 일본에게 거대한 타자로서의 중국의 사상과 문화는 비록 일본 지식인층들에게 초월과 극복의 대상이었지만, 한편으로는 자기 문화의 근저를 형성하는 사상적 연원이기도 하였다. 중국 문화 없는 일본문화는 상상할 수 없는 일이었다. 중국문화는 일본문화의 뿌리였던 것이다. 그 가운데 일본의 근대화 과정, 특히 메이지유신과 그 후의 근대기에 있어서 커다란 영향을 끼친 중국의 유교사상 가운데 가장 눈에 띄는 것은 바로 양명학이다. 양명학이 언제 일본에 전해졌는지는 잘 알려져 있지 않지만, 무로마치(室町)시대에 이미 활발하게 중국과의 사이에 사람의 왕래가 있었다

제국 지식인의 패러독스와 역사철학

는 점, 일본의 배가 입항하던 절강성(浙江省) 영파(寧波)가 양명학의 창시자 왕수인의 고향으로부터 바로 근처라는 점 등등을 생각하면, 그 유입은 상당히 빠른 시기였다고도 상상해 볼 수 있다. 실제로 왕수인은 료안(了庵)이라는 일본인 승려와 만난 뒤 기념으로 문장을 지어 선물하고 있다. 그렇다고 해서 료안이 양명학을 일본으로 들여왔던 것은 아니다.[14] 하지만 이런 사실로 볼 때 양명학이 일찍부터 일본으로 이식되었다는 것을 알 수 있다. 또 이와 같이 양명학은 조선반도를 거치지 않고 직접 중국 대륙에서 이식되었다는 것도 알 수 있다.

조선시대의 경우 양명학은 탄압과 억압의 대상이었는데, 양명학을 언급하는 것만으로도 성리학을 체제교학으로 삼고 있던 조선 정부에 대한 심각한 도전으로 간주되었다. 이러한 연유로 양명학을 매개로 한 조선과 도쿠가와 막부 간의 '지(知)의 교류'(=양명학적 지의 교류)는 일체 없었던 것이다. 그런데 일본에서의 양명학은 중국 양명학의 원형을 받아들인 뒤, 변형과정을 거치면서 자체적으로 발전시킨 일본 양명학이었다. 사실 철학이라는 명칭과 마찬가지로 양명학의 명칭[15]도 일본에서 만들어지고 유행한 용어의 하나였다. 그 후 일본에서는 막말유신기의 지사들에게 혁명사상 내지는 실천철학으로서 높이 숭앙받게 된다. 또 양명학은 메이지시대로 들어오면서부터 새롭게 각광받기에 이른다.

2. 메이지시대의 양명학 연구 현황

메이지시대의 대표적 양명학자인 미시마 주슈(三島中洲)는 1877년 도쿄 치요다쿠(千代田區) 고지마치(麴町)의 자택에서 한

학 전문학교를 개설하고 후에 도쿄 구단(九段)에서 니쇼가쿠샤(二松學舍)를 설립하였다. 이 니쇼가쿠샤는 미시마 주슈의 학문 정신에 의거하여 양명학에 의한 교육을 표방하는 학교였다. 지금도 일본의 양명학 연구의 메카라 하면 이 학교를 꼽고 있으며 양명학 정신에 의거한 건학 정신이 아직도 유지되고 있다.[16] 덧붙이면 나카에 조민(中江兆民), 나쓰메 소세키(夏目漱石), 이누카이 쓰요시 등 일본 근대의 대표적 지식인들도 이 학교 출신이다. 그리고 일본 근대기에 양명학을 보편화시킨 인물로서 미야케 세쓰레이(三宅雪嶺)와 그가 참여한 국수주의자들의 문화단체인 세이쿄샤(政教社)에 주목해 보면, 이것은 양명학을 국수주의적 입장과 연결시키는 시도를 했다고 볼 수 있다.

다른 한편 메이지시대에 양명학이 기독교와 매우 닮아있다는 점을 강조하면서 양명학을 '기독교화' 시키려 했던 인물로서 우치무라 간조(內村鑑三)의 존재도 있다. 우치무라 간조는 그 자신이 영어로 정리한 『대표적 일본인(代表的日本人)』(1894)이라는 저서에서 사이고 다카모리(西鄕隆盛)가 양명학자였다고 하는 견해를 밝힘으로써 서유럽과 미국에서 사이고 다카모리를 폭넓게 인지시키는 효과를 얻기도 하였다. 이와 비슷하게 니토베 이나조의 『무사도』도 무사도정신의 기초로서 양명학을 언급한다. 이처럼 메이지시대가 되어 양명학은 다양한 측면에서 각광받기에 이르렀다고 볼 수 있다.

근래 일본의 대표적 양명학 연구자로서 왕성한 활동을 펼치고 있는 요시다 고헤이(吉田公平)는 자신의 저작 『일본의 양명학(日本における陽明學)』(ぺりかん社, 1999) 속에서 양명학 운동기를 대

제국 지식인의 패러독스와 역사철학

체로 5단계의 시기로 나누고 있다. 제1차 양명학 운동기는 17세기 후반으로 이 시기에는 주자학파와 양명학파 이외에도 고학파 등이 활약한 시기이다. 제2차 양명학 운동기는 18세기에 들어와서부터이며 서서히 주자학에 의문을 품고 양명학으로 전향하는 인물들이 생겨나는 시기이다. 이때도 소라이학(徂徠學)이 융성했던 만큼, 양명학이 거대한 운동으로 전개되지는 못하였다고 한다. 제3차 양명학 운동기는 막말유신기로 요시무라 슈요(吉村秋陽), 가스가 센안(春日潛庵), 이케다 소안(池田草庵) 등이 활약하던 시기로 이 시기에는 중국에서 건너온 정보가 한층 풍부하여 그만큼 넓은 시야를 갖고 깊게 탐구할 수 있었다고 요시다는 평가한다.[17] 그런데 요시다의 시기 구분에서 주목할 부분은 제4차 양명학 운동기부터이다.

제4차 양명학 운동기는 메이지시대에 들어와서부터이다. 특히 메이지 초기의 '자유민권운동기(自由民權運動期)'에는 양명학이 언론 매체의 역할을 담당하기도 하였다. 「대일본제국헌법(大日本帝國憲法)」, 「교육칙어(教育勅語)」 등이 반포되어 국체(國體)가 확립되자, 지나치게 서양사상에만 빠져있는 현상을 반성하고 동양사상, 특히 중국의 유교사상을 재평가하려는 움직임이 일어났다. 부국강병을 위해 국민의 시민권을 '신민(臣民)'의 범위 내에서만 인정하고, 국민의 신민화(臣民化)를 강화하기 위해 유교 윤리가 최대한으로 활용되었던 것이다. 확실히 이 시대에 국가의 시운을 개척한 것은 서양의 근대사상이었지만, 그 근대적 사상을 고취하는 자의 '신민' 의식을 고양시켰던 것은 유교사상이었다. 그 유교사상 가운데 메이지 30년을 전후로 하여 양명학을 이념으로 하는 민간결사가 조직되어 기관지를 발행하는 등, 양명학 현창 운동이 광범위하게 전개되었는데, 요시모토 유주루(吉本讓)와 히가시 케이지(東敬治) 및 이시자키 도코쿠(石崎東國) 등이 그 대표적 인물이다.

끝으로 제5차 양명학 운동기는 제2차 세계대전 후의 시기이다. 제2차 세계대전 후에는 '기본적 인권'을 골격으로 하는 「일본국헌법」이 시행되었다. 이제 국가의 주인으로서 주권을 인정받은 국민은 더 이상 '신민'이 아니었다. 유교사상 역시 제도적 보증을 상실하고 전근대적 사상으로 부정되고 고루한 사상 유물로 낙인찍히기에 이르렀다. 하지만 이러한 풍조 속에서도 양명학만큼은 개인적인 교양의 자양분으로서 계속적인 시민의 지지를 받았다고 한다. 「대일본제국헌법」 치하의 '신민의 수양'으로부터, 「일본국헌법」 치하의 '시민의 교양'으로 탈바꿈하면서 양명학은 지속적으로 유포되었다고 요시다는 분석하고 있는 것이다.[18]

이상 살펴본 바와 같이 일본의 메이지시대와 근대화 과정에서 양명학이 담당한 역할은 지식인들이 활동하던 사상계에서 뿐만 아니라, 제2차 세계대전 후의 시민사회 속에서도 광범위하게 폭넓은 지지를 받았다는 것을 알 수 있다. 그것은 도쿠가와 시대에는 그다지 빛을 발하지 못했지만, 막말유신기부터 서서히 그 위력을 발휘했다고 볼 수 있다. 왜 주자학이 아니고 양명학이 일본에서 각광을 받았던 것일까. 그것은 양명학이 지닌 특징이 이론 지향보다는 실천 지향에 중점을 두고 있으며, 그 담당자들이 활동한 시대적 상황이 막말유신기의 상황과 유사하다는 점-중국 양명학은 명대 중기부터 명대 말기까지 성행했는데, 이 시기는 중국 명

제국 지식인의 패러독스와 역사철학

나라가 대내외적으로 혼란과 위기를 겪고 있던 시기이며 이러한 점이 일본의 막말유신기와 유사하다는 점—, 그리고 중국의 양명학자들이 사회질서의 구축과 유지에 관심을 가지고 있었다는 점 등등이 일본의 재야 지식인층에게 매력적인 사조로 다가왔을 것이다. 덧붙이면 실천 지향의 중국 양명학자들의 일상적 삶의 다양한 에피소드가 일본의 재야 지식인층과 하급 무사들에게는 더없는 본보기로 작용했음도 간과해서는 안 된다.

하지만 이 양명학은 중국의 신유교와는 여러 면에서 색깔을 달리 하는 그들만의 양명학이었다. 중국에서 명대 이후 양명학의 저조한 발전, 그리고 조선반도에서의 양명학 탄압과 같은 역사적 사실 등을 상기해 보면 매우 흥미로운 사실이라 하지 않을 수 없다. 일본에서만큼은 양명학이 시대를 초월하여 면면히 지속적으로 발전되었던 것이다. 그것은 아마도 양명학의 지행합일과 같은 혁명적·실천적 요소가 일본의 지식인층에게 매력을 느끼게끔 해주었기 때문일 것이다. 아울러 메이지시대가 되어 일본 양명학이 무사도와 결합하여 그 속에서도 생생하게 되살아나고 있음을 볼 때, 일본문화의 특징이라 할 수 있는 그들의 '습합' 정신이 어떠한 것인지를 알 수 있다.

맺음말

이상에서 보듯이 제5부에서는 일본 근대의 사상적 조류의 주요한 경향, 또 이와 같은 경향 속에서 양명학의 사상사적 위상이 어떠했는지, 양명학과 제 사조 간의 관계 맥락 등등에 대한 문제를 살펴보고자 하였다. 이를 위해 우선 중국 송대 이후에 발전한 신유교(주자학과 양명학)에 초점을 맞추고, 일본에 신유교가 들어간 뒤 일본 지식인층이 어떻게 신유교를 인식하고 이해했는가에 중점을 두었다. 그 결과로서 일본에서는 신유교에 대한 초월과 극복으로서 고학파가 탄생되었다는 점도 확인할 수 있었다. 하지만 그럼에도 불구하고 유교사상, 특히 신유교 가운데 양명학은 일본 사회에 긍정적으로 받아들여졌고 수용과 변용을 거친 양명학은 '일본 양명학'으로서 크게 발전하였다.

이 제5부의 첫 번째 부분에서는 그 전제로 외래학문으로서의 중국의 유교사상이 에도시대, 즉 도쿠가와시대에 수입되고 난 뒤 그것의 수용 양상과 대항의식을 지닌 사상 유파를 살펴보았는데, 주로 신유교의 일본 전래와 일본 근세기에 등장한 고학파의 학문정신에 관한 것이었다. 여기에서는 주로 신유교의 두 사상 축인 주자학과 양명학이 일본에 들어와 새로운 '일본 주자학'과 '일본 양명학'으로 재탄생되는 일련의 과정과 이 과정 속에서 그 핵심적인 사상적 요소가 무엇인지를 살펴보는 고찰이었다. 또 유교사상 이해의 단서로서 초월과 극복이라는 측면에서 일본 근세 지식인들의 중국 신유교에 대한 초월과 극복, 혹은 안티테제로서 등장하는 고학파의 정신세계에 관한 논의도 진행하였다. 거기에는 일본 정신의 발현, 자기정체성의 확립이라는 측면이 있었고, 절충과 조화로서의 '습합' 정신이 내재하고 있었다. 더 구체적으로는 고학파의 대표적 인물 이토 진사이, 오규 소라이, 야마가 소코의 학문정신을 언급했는데, 그들의 학문정신의 기저에는 공통적으로 신유교(특히 주자학)에 대한 대항의식이 강하게 자리매김 하고 있었다.

다음으로는 일본 메이지시대 사조의 주요한 특징을 세 가지 사상 축, 즉 칸트를 중심으로 한 서양철학(특히 독일철학)과 양명학 및 무사도에 관하여 살펴보았다. 여기에서는 이상과 같은 논의를 주 내용으로 하여 일본 근대기 양명학의 위상 문제, 일본 양명학의 전개 양상과 특질, 그리고 메이지시대의 양명학 연구 현황에 관하여 종합적으로 고찰하였다.

결론적으로 제5부에서 필자의 주요한 논점과 목적을 요약하면, 일본문화의 사상적 근원으로서 그 기저에 중국문화와 유교사상이 존재했으며, 이것이 근대 일본 지식인들에게 각인되어 때로는 거대한 타자로 받아들여져 초월과 극복의 대상이 되기도 하고, 또 때로는 일본 근세와 근대사회의 발전에 긍정적 요소로 작용했다는 사실 등을 확인하고 논증하기 위함이었다. 결국 근세 이후, 근대 일본사상과 문화 및 사회 속에는 이렇게 거대한 타자로서의 중국문화와 사상이 내재되어 있었던 것이다. 그리고 그것을 기반으로 하고 동인으로 하여 그들만의 '일본화'된 사상문화 유산을 만들어내고 '일본정신'을 창출한 것이다.

이 책을 끝맺으며

이 책은 총 5부(제4부와 5부는 부록)에 걸쳐 주로 나이토 고난과 중국론, 또 그의 중국 인식과 문화사관 및 시대구분론, 『지나론』 및 『신지나론』의 실상, 중국론의 사유구조 등등을 살펴보고 시라 토리 구라키치의 논의까지 덧붙여 동아시아 표상과 인식(주로 중국 인식)에 관한 고찰을 목적으로 하였다. 게다가 제4부와 5부에 서는 부록의 형식으로 철학이라는 용어 문제와 함께 근대 동아시아의 학술용어에 관한 필자의 문제의식, 그리고 근대 일본의 학술 사조의 양상 및 유교사상의 한 분파인 양명학과 근대 일본의 학지(學知) 문제를 다룬 두 편의 논문을 실었다.

제1부에서는 주로 정치적 담론으로서의 중국론을 중심으로 나 이토의 행적과 저작을 분석하고 그 배경 하에서 그가 어떻게 동양 사학자의 길을 걷게 되었는지를 고찰하면서 그것이 일본 '지나학' 의 형성 과정과도 일정의 관계가 있다는 것을 논증하였다. 또 지 나론의 사유구조 속에는 그 핵심이라 할 수 있는 일본 우월성 및 타자(=중국 혹은 동아시아 세계)에 대한 폄하와 멸시의 요소가 내 재되어 있음도 발견하였다. 여기에서 중요한 것은 나이토의 부분 적 언설들의 전제(前提)였고, 그 전제에는 항상 느슨하고 정체된

제국 지식인의 패러독스와 역사철학

중국상(像)이 존재했다는 사실이다. 그뿐 아니라 발전 가능성이 없는 늙은 대국(중국)을 자신이 속한 일본이라는 국가가 치유해주지 않으면 안 된다는 제국주의적 담론의 정당성을 확보하려는 흔적도 엿보였다.

'새로운 중국론'을 논의함에 있어서는 『지나론』 간행 10년 뒤에 출간된 『신지나론』의 언설에 근거하여 새로운 중국론의 사유구조를 살펴보았다. 그런데 『신지나론』에서도 나이토는 10년 전의 『지나론』에서처럼 지속적으로 중국 폄하와 멸시의 태도를 노골적으로 드러낸다. 특히 '문화중심이동설'을 제기하여 이제 문화의 중심은 일본에 있고, 일본인은 우월하며 강국이 되었기 때문에 미개한 중국과 동아시아 각 지역을 이끌어 주어야 한다는 논리를 펼치고 있다. 따라서 새로운 중국론의 사유구조는 결국 중국과 동아시아 세계에 대한 편협한 역사인식 하에서만 성립될 수 있는 포퓰리즘으로서의 시국론이었다고 밖에 볼 수 없다.

이와 같이 『지나론』과 『신지나론』을 공통적으로 관통하는 이념은 일본중심주의(우월주의) 혹은 강대국으로서의 일본 혹은 동양문화중심으로서의 일본이라는 것을 자부하는 것이었다. 게다가 나이토의 중국론과 새로운 중국론의 배경에 당시 일본 내에서의 제국주의적 발상과 여론이 존재했다는 점도 결코 잊어서는 안 될 것이다. 그 자신도 그와 같은 일본 내에서의 여론을 의식하면서 시국론이라 할 수 있는 위의 두 권의 책을 집필했던 것이다.

제2부에서는 나이토의 중국 인식과 문화사관에 초점을 맞추었다. 즉 나이토의 중국에 대한 대체적인 인식의 양상이 어떠했는지를 다루었는데, 거기에는 열등한 타자로서의 중국 이미지가 각인

되어 있었고, 철저하게 중국인들을 차별하고 멸시하는 언설로 가득 채워져 있다는 사실을 다시금 확인하였다. 그의 이와 같은 중국 인식의 배경에는 당시 일본의 지성계를 휩쓴 지나론 열풍이 있었다. 그것도 대외팽창을 목표로 한 정부의 견해와 완전히 일치하는 열등한 타자로서의 지나(=중국)에 대한 의론이었고, 중화적 보편질서를 해체하려는 철저히 부정적 이미지로 타자화된 '지나론'이었다. 그 결과 타자화된 중국은 침략주의, 군국주의의 대상으로 인식되었다. 나이토의 경우도 이러한 근대 일본의 사조에 동반하여 그 자신의 중국 인식을 형성했다고 볼 수 있다.

그리고 나이토의 문화사관에 관해서는 『신지나론』에서 그 자신이 제기한 문화중심이동설에 근거하여 살펴보면서 아직도 동아시아 삼국의 동양사학계에서 영향을 미치고 있는 그의 시대구분론을 문화중심이동설과 상호 연동하는 역사학 이론으로서 파악하였다. 특히 나이토의 문화사관이 문화중심으로서의 일본을 전제로 하고 있다는 사실에 주목하면서 경제대국, 문화대국을 자부하는 그의 논리적 근거를 살펴보았다. 흥미로운 점은 그가 말하는 동양문화가 중국문화만을 일컫는 개념이 아니었으며, 중국은 이 개념 속에서 타자화된 조연의 역할이 부여되었다. 그 대신 중국의 역사를 유지시킨 공로자이자 동양문화의 주인공은 이민족에게 부여될 수밖에 없었다. 그것은 자연히 당시의 시점에서 볼 때 일본이 동양문화의 중심이라는 관념으로 연결될 수 있는 논리적 정당성을 확보해 주는 근거이기도 하였다.

제3부에서는 근대 일본에서 나이토 고난과 동양사학계를 양분하는 도쿄제국대학의 시라토리 구라키치를 함께 논의하면서 그들

의 동아시아 표상과 인식에 관한 문제를 재론하였다.

근대 일본이라는 공간에서 후쿠자와 유키치가 문명이라는 개념을 가지고 중화질서와 그 문명을 해체하고 제국 일본의 문명중심적 위상을 이끌어내고자 했다면, 시라토리와 나이토는 각각 문화라는 시점을 가지고 중국문화의 해체와 재구성을 시도하였다. 그 가운데 시라토리는 언어문화학적 혹은 비교언어학적 방법으로, 나이토는 문화사적 방법으로 중국문화에 대한 해체를 의도하였다. 하지만 시라토리의 언어문화학적 동아시아관과 나이토의 문화사적 중국론은 독일 철학자 니체(Nietzsche, 1844~1900)의 반(反)이성주의 내지는 '반(反)형이상학적 가정(假定)'을 연상시킨다. 니체는 『인간적인 너무나 인간적인』의 제1장에서 영원한 존재, 절대적 진리를 추구하는 철학자들의 타고난 결함과 그들의 초라한 진리에 대한 존중을 다음과 같이 조롱한다.

"지금까지 모든 형이상학적 가정을 만들어낸 것은 정열과 오류와 자기기만이다. 최선이 아니라, 최악의 인식 방법이 이런 것을 믿게 했다."[19] 니체의 이와 같은 언설은 마치 시라토리와 나이토의 동아시아 시점과 인식에 대한 오류와 자기기만을 지적하고 있는 듯하다. 자기인식의 오만함으로서의 긍정적 과장과 타자인식의 부정적 배타성은 근대 일본의 지식인들이 행한 최선의 인식이 아니라, 최악의 인식 방법이었다. 또 이 자기인식의 긍정적 과장과 타자인식의 부정적 배타성은 결국 이 두 동양사학자가 그와 같은 최악의 인식 방법을 선택함으로써 필연적 자연적으로 초래한 병리현상의 최종 결과물이었음을 잊어서는 안 된다.

시라토리와 나이토, 근대 일본의 동양사학을 상징하는 이 두 인물의 자기인식의 시점과 동아시아 인식에는 이상에서 살펴본 바와 같이 중국과 그 주변 동아시아 지역의 정체 낙후 쇠퇴의 이미지가 전제되었고, 진보 발전의 이미지로 표상화된 자국 일본의 존재가 그 시점과 인식의 배경에 있었다 할 수 있다. 근대 일본 동양사학 분야의 배경화면에는 새롭고 거대한 타자(=서양)와 늙고 병든 낙후된 타자(=중국을 포함한 한국 등의 아시아 국가) 및 새롭고 거대한 타자(=서양)에 대항할 수 있는 아시아의 진보 발전 국가(=일본)라는 두서너 개의 장면이 오버랩되어 있었고, 이 두 동양사학자의 시점과 인식 배경에는 주요한 세 개의 축(서양, 중국, 일본)이 견고하게 놓여 있었다는 점도 상기할 필요가 있을 것이다.

끝으로 우리가 잊지 말아야 할 것은 나이토의 중국 인식과 문화사관은 한 마디로 말하면 자국 우월주의에 바탕을 둔 일본 중심주의적 역사인식이자 문화사관이었다는 점이다. 그것은 당시 침략주의와 군국주의 노선을 걷기 시작하던 제국 일본과 맥을 같이하던 정치적 언설이었고, 그의 저널리스트로서의 경력에 기인한 패러독스의 편협한 역사인식이었다. 그런데도 아직까지 동아시아 삼국의 동양사학계에서 나이토 동양사학이 위력을 떨치고 있다는 것은 아이러니라 하지 않을 수 없다. 비록 최근 몇몇 비판적 지식인들에 의해 나이토 중국학과 동양사학이 비판받고 있기는 하지만, 여전히 소수의 의견일 뿐이다. 금후 국내에서도 나이토 고난에 대한 비판적 시각의 연구가 활성화되기를 기대해 본다.

제국 지식인의 패러독스와 역사철학

제1부 나이토 고난과 중국의 재발견

1 나이토 고난의 삶과 경력에 관해서는 三田泰助, 『內藤湖南』(中公新書, 1972)을 참조.

2 內藤湖南(虎次郎), 『內藤湖南全集』(第1卷~14卷), 東京: 筑摩書房, 1969~1976. 『內藤湖南全集』의 전체 목록을 참조.

3 이 논고들은 모두 『內藤湖南全集』의 第3卷에 수록되어 있다.

4 內藤湖南, 「京都大学と樸学の士」(『內藤湖南全集』 第3卷 所收)를 참조.

5 洪淳昶, 「日本東洋史家의 中國文化論-白鳥·內藤을 中心으로-」, 『大丘史學』 第十七輯, 1979, 152~153쪽.

6 礪波護, 「東洋史學-內藤湖南」, 礪波護·藤井讓治編, 『京大東洋学の百年』(京都大学学術出版会, 2002), 74쪽. 이 논고에서는 나이토 고난에 대해 전반생은 논설기자, 후반생을 동양학자로 규정하고 있다.

7 앞의 논문, 79쪽.

8 名和悦子, 「內藤湖南の近代東アジアへの-間島問題に対する洞察-」, 『中国史研究』 第22輯, 中国史学会, 2003, 163~165쪽.

9 陶德民, 『明治の漢學者と中國: 安繹·天囚·湖南の外交論策』, 関西大学出版部, 2007, 153쪽.

10 増井経, 「內藤湖南と山路愛山」, 夫竹内好外·橋川文三編, 『近代日本と中國(上)』, 朝日新聞社, 1974, 285~287쪽.

11 고야스 노부쿠니, 『일본근대사상비판』, 김석근 역, 역사비평사, 2007, 118~119쪽.

12 이 표의 도서목록은 東京大學 도서관 藏書目錄 데이터베이스에 근거하여 필자가 선택·취사하여 만든 것이다. 단, 연대순으로 정리한 것은 아니다.

13 礪波護, 「內藤湖南」, 『20世紀の歴史家たち(2)』(日本編下), 1999, 40쪽.

14 陶德民, 『明治の漢学者と中国-安繹·天囚·湖南の外交論策-』, 関西大学出版部, 2007, 229쪽.

15 内藤湖南, 「支那を悲観し併せて我国論を悲観す」, 『内藤湖南全集』(第5卷), 東京: 筑摩書房, 17~18쪽.

16 内藤湖南, 「支那人の観たる支那将来観と其の批評」, 大阪朝日, 1921년 11월 17~23일. 후에 이 글은 『全集』 제8권에 실렸는데, 제8권의 『東洋文化史研究』, 167쪽 참조.

17 内藤湖南, 「目次」, 『支那論』, 創元社, 1938, 1쪽.

18 内藤湖南, 「緒言」, 『支那論』, 創元社, 1938, 3쪽.

19 内藤湖南, 「新支那論」, 『内藤湖南全集』 第5卷, 542~543쪽.

20 内藤湖南, 「支那論自敍」, 『支那論』, 創元社, 1938, 10쪽.

21 内藤湖南, 「目次」, 『支那論』, 創元社, 1938, 2쪽.

22 고야스 노부쿠니, 김석근 역, 『일본근대사상비판』, 역사비평사, 2007, 116쪽.

23 内藤湖南, 「支那の政治及び社会組織」, 『新支那論』, 創元社, 1938, 248~249쪽.

24 内藤湖南, 「支那の政治及び社会組織」, 『新支那論』, 創元社, 1938, 253쪽.

25 고야스 노부쿠니, 김석근 역, 『일본근대사상비판』, 역사비평사, 2007, 114쪽.

26 内藤湖南, 「支那の政治及び社会組織」, 『新支那論』, 創元社, 1938, 255쪽.

27 内藤湖南, 「新支那論」, 『支那論』, 創元社, 1938, 264~265쪽.

28 内藤湖南, 「新支那論」, 『支那論』, 創元社, 1938, 265~266쪽.

29 増淵龍夫, 「日本近代史學史における中國と日本(Ⅱ)―内藤湖南の場合」, 『日本の近代史學史における中國と日本―津田左右吉と内藤湖南』, 岩波書店, 2001, 61~62쪽.

제2부 중국 인식의 양상과 문화사관

1 下中彌三郎編, 『東洋歴史大辞典』 第4卷 シナ─シンセ, 平凡社, 1938, 485쪽.

2 1913년 6月 각료회의에서 결정되었다. 「公文上支那国名決定ニ関スル件」, 『日本外交文書』, 大正 2年(1913), 7月 11일.

3 스테판 다나카, 박영재·함동주 역, 『일본 동양학의 구조』, 문학과지성사, 2004, 18쪽.

4 박찬흥, 「白鳥庫吉와 '滿鮮史學'의 성립」, 『'한·일병합'을 전후로 한 일본 역사가들의 동아시아象』, 2008년도 하반기 고려대 동아시아문화교류연구소 학술발표회집, 2008. 9, 2~5쪽.

5 子安宣邦, 이승연 옮김, 『동아·대동아·동아시아』, 역사비평사, 2005, 133쪽.

6 内藤湖南, 「新支那論」, 『支那論』, 創元社, 1938, 245~246쪽.

7 内藤湖南, 「新支那論」, 『支那論』, 創元社, 1938, 267~268쪽.

8 増淵龍夫, 「日本近代史學史における中國と日本(Ⅱ)―内藤湖南の場合」, 『歴史家の同時代史的考察について』, 岩波書店, 1983, 79쪽.

9 内藤湖南, 「新支那論」, 『支那論』, 創元社, 1938, 297쪽.

10 중국 청나라 말기에 일어난 외세 배척 운동. 1900년 6월, 베이징에서 교회를 습격하고 외국인을 박해하는 따위의 일을 한 의화단을 청나라 정부가 지지하고 대외 선전 포고를 하였기 때문에, 미국을 비롯한 8개국의 연합군이 베이징을 점령·진압한 사건.

11 内藤湖南, 「新支那論」, 『支那論』, 創元社, 1938, 276~277쪽.

12 内藤湖南, 「新支那論」, 『支那論』, 創元社, 1938, 274쪽.

13 内藤湖南, 「緒言」, 『支那論』, 創元社, 1938, 3쪽.

14 増井経, 「内藤湖南と山路愛山」, 夫竹内好外·橋川文三編, 『近代日本と中國(上)』, 朝日新聞社, 1974, 285~287쪽. 나카지마 단(中島端)의 『지나 분할의 운명(支那分割の運命)』과 사카마키 데이이치로(酒卷貞一郎)의 『지나 분할론(支那分割論)』에 관한 기술은 2008년 동북아역사재단 공모사업(2008. 3~10)의 일환인 『'한·일병합'을 전후로 한 일본 역사가들의 동아시아像』이라는 공동 주제 하에 진행한 필자의 개인 연구인 「内藤湖南의 '支那論'과 동아시아 인식」에 의한 것이다.

15 山路愛山, 『支那論』, 東京: 民友社, 1916, 124·110·112쪽. 이 역문은 스테판 다나카의 『일본 동양학의 구조』(문학과지성사, 2004), 306쪽에 있는 것을 재인용.

16 増井経, 「内藤湖南と山路愛山」, 夫竹内好外·橋川文三編, 『近代日本と中國(上)』, 朝日新聞社, 1974, 293~295쪽.

17 内藤湖南, 「支那問題」, 『内藤湖南全集』(第4卷), 東京: 筑摩書房, 582쪽.

18 陶德民, 『明治の漢学者と中国−安繹·天囚·湖南の外交論策−』, 関西大学出版部, 2007, 247쪽.

19 礪波護, 「内藤湖南」, 『20世紀の歴史家たち(2)』(日本編下), 1999, 46~47쪽.

20 増淵龍夫, 「日本近代史學史における中國と日本(Ⅱ)─内藤湖南の場合」, 『日本の近代史學史における中國と日本─津田左右吉と内藤湖南』, 岩波書店, 2001, 53~54쪽.

21 内藤湖南, 「新支那論」, 『支那論』, 創元社, 1938, 263~264쪽.

22 内藤湖南, 「新支那論」, 『支那論』, 創元社, 1938, 267쪽.

23 内藤湖南, 「日本文化とは何ぞや(其二)」, 『内藤湖南全集』(第9卷), 19쪽.

24 内藤湖南, 「新支那論」, 『支那論』, 創元社, 1938, 263~266쪽.

25 신현승, 「日本의 東洋史學者 内藤湖南의 歷史認識−支那認識과 文化史觀을 중심으로−」, 『東아시아古代學』 제19호, 2009. 6, 338쪽.

26 内藤湖南, 「新支那論」, 『支那論』, 創元社, 1938, 266쪽.

27 羽仁五郎·井上淸, 『歷史に何を学ぶか』, 現代評論社, 1973, 31쪽.

28 内藤湖南, 「新支那論」, 『支那論』, 創元社, 1938, 312~313쪽.

29 졸고, 「일본의 동양사학자 内藤湖南의 역사인식」, 『200년도 동아시아고대학회 추계학술대회 발표논문집−동아시 역사인식의 중층성−』, 동아시아고대학회,

2008. 10, 106쪽.

30 内藤湖南, 「支那上古史」, 『内藤湖南全集』(第10卷), 10~11쪽.

31 신현승, 『사대부의 시대-주자학과 양명학 새롭게 읽기』, 동아시아, 2004, 229~230쪽.

32 谷川道雄 編著, 鄭台燮·朴鍾玄 外譯, 『日本의 中國史論爭』, 신서원, 1996, 22~23쪽.

33 스테판 다나카, 박영재·함동주 역, 『일본 동양학의 구조』, 문학과지성사, 2004, 284~285쪽.

34 앞의 책, 283~284쪽.

35 礪波護, 「東洋史學—內藤湖南」, 礪波護·藤井讓治編, 『京大東洋学の百年』(京都大学学術出版会, 2002), 95쪽.

36 『内藤湖南全集』(東京: 筑摩書房, 1969~76)의 총 14권 가운데 제2권에 들어 있는 『연사초수(燕山楚水)』에 수록되어 있다. 이 『연사초수(燕山楚水)』는 1899년의 중국여행 기행문이다.

37 増淵龍夫, 「日本近代史學史における中國と日本(Ⅱ)—内藤湖南の場合」, 日本の近代史學史における中國と日本—津田左右吉と内藤湖南, 岩波書店, 2001, 54~56쪽.

38 内藤湖南(虎次郎), 「日本文化史研究」, 『内藤湖南全集』(第9卷), 東京: 筑摩書房, 1969, 20쪽.

39 芳賀登, 『批判: 近代日本史学思想史』, 柏書房, 1974, 130~131쪽.

40 津田左右吉, 「日本における支那学の使命」, 『中央公論』, 1939년 3월호(『思想·文藝·日本語』에 수록, 岩波書店, 1961).

41 内藤湖南, 「新支那論」, 『支那論』, 創元社, 1938, 273쪽.

제3부 동아시아 표상과 자타인식

1 崔炯斤, 「동서양 문화의 他者認識에 관한 연구」, 강원대 박사학위논문, 2006, 4~5쪽.

2 津田左右吉, 『支那思想과 日本』, 東京: 岩波書店, 1938, 2~3쪽, 89~97쪽. 増淵龍夫, 「日本近代史學史における中國と日本(Ⅰ)-津田左右吉の場合」, 『日本の近代史學史における中國と日本-津田左右吉と内藤湖南』, 岩波書店, 2001, 11~12쪽.

3 増淵龍夫의 앞의 책 수록 논문, 「日本近代史學史における中國と日本(Ⅱ)—内藤湖南の場合」, 58~59쪽.

4 内藤湖南, 「支那の政治的復活」, 『内藤湖南全集』第5卷, 50~51쪽.

5 内藤湖南, 「我面目を奈何」, 『大阪朝日新聞』, 1919년 4월 30일. 또 『内藤湖南全集』第5卷, 54~55쪽 참조.

제국 지식인의 패러독스와 역사철학

6 内藤湖南,「戰局の最小限」上, 中の上(1905년 2월 16일, 17일 論說),『全集』第 4卷, 157쪽, 159~160쪽.

7 『京城日報』, 1910. 10(『兩京去留誌』, 民友社, 1915에 수록). 방광석,「도쿠토미 소호의 동아시아 인식」,『근대 동아시아 담론의 역설과 굴절』, 소명출판, 2011, 154~155쪽에서 재인용.

8 방광석의 앞의 논문, 155쪽.

9 内藤湖南,「支那とは何ぞや」(1922年, 1月「工業之大日本」第19卷 第1号),『内 藤湖南全集』(第5卷), 東京, 筑摩書房, 163쪽.

10 陶德民,『明治の漢学者と中国-安繹·天囚·湖南の外交論策-』, 関西大学出版 部, 2007, 263~264쪽.

11 内藤湖南,「支那の革新と日本」,『新支那論』, 創元社, 1938, 280~281쪽.

12 内藤湖南,「新支那論」,『支那論』, 創元社, 1938, 272쪽.

13 졸고,「日本의 東洋史學者 内藤湖南의 歷史認識-支那認識과 文化史觀을 중 심으로-」,『東아시아古代學』 제19호, 2009. 6, 326~328쪽.

14 内藤湖南,「新支那論」,『支那論』, 創元社, 1938, 245~246쪽.

15 内藤湖南,「日本文化とは何ぞや」,『現代日本思想大系 27 歷史の思想』, 桑原 武夫(外編), 東京: 筑摩書房, 1965, 206~207쪽.

16 스테판 다나카, 박영재·함동주 역,『일본 동양학의 구조』, 문학과지성사, 2004, 242쪽.

17 内藤湖南,「日本上古の状態」,『内藤全集』 9권, 28~29쪽;「日本文化とは何ぞ や」,『現代日本思想大系 27 歷史の思想』, 桑原武夫(外編), 東京: 筑摩書房, 1965, 204~207쪽. 스테판 다나카의 앞의 책, 242쪽에서 재인용.

18 内藤湖南,「新支那論」,『支那論』, 創元社, 1938, 273~274쪽.

19 内藤湖南,『新支那論』,「三 支那の革新と日本-東洋文化中心の移動-」,『内藤 湖南全集』(第5卷), 東京: 筑摩書房, 514쪽.

20 内藤湖南,「新支那論」,『支那論』, 創元社, 1938, 263~264쪽.

21 子安宣邦, 이승연 옮김,『동아·대동아·동아시아』, 역사비평사, 2005, 192쪽에 서 재인용.

22 内藤湖南,「緖言」,『支那上古史』(1944),『内藤湖南全集』第10卷, 9~11쪽.

23 子安宣邦, 김석근 역,『일본근대사상비판』, 역사비평사, 2007, 116~117쪽.

24 白鳥庫吉,「日本民族論」,『白鳥庫吉全集』(第9卷,「アジア史論下」), 釜山: 民族 文化(影印本), 1995, 213~214쪽.

25 白鳥庫吉,「東洋史に於ける南北の対立」,『白鳥庫吉全集』(第8卷,「アジア史論 上」), 69~84쪽과「東洋史上より觀たる日本國」,『弘道』第254호,『白鳥庫吉全 集』(第9卷,「アジア史論下」), 177~188쪽.「東洋史上より觀たる日本」,『白鳥庫吉 全集』(第9卷,「アジア史論下」), 釜山: 民族文化(影印本), 1995, 225~266쪽.

26 白鳥庫吉,「朝鮮の日本に対する歷史的政策」,『白鳥庫吉全集』(第9卷,「アジア 史論下」), 釜山: 民族文化(影印本), 1995, 275~276쪽.

27 白鳥庫吉의 앞의 논문, 276쪽. 이 논문은 『世界』 제5호에 실렸음은 물론이고, 메이지 38년(1905) 7월 『史學系』 제7권 제7호, 메이지 40년(1907) 3월 『學習院輔仁會雜誌』 임시호에도 실린 논문이다.

28 앞의 논문, 276쪽.

29 白鳥庫吉, 「韓史概說-韓国の地理及び人種-」, 『白鳥庫吉全集』(第9卷, 「アジア史論下」), 釜山: 民族文化(影印本), 1995, 277～278쪽.

30 앞의 『全集』, 278～280쪽.

31 니토베 武士道의 사상적 가치, 양명학과의 관계 및 그 습학적 사상 특징에 관해서는 다음의 졸고를 참조. 「무사도와 양명학에 관한 소고-습합의 사상 구조-」, 『日本思想』 제12호, 한국일본사상사학회, 2007.

32 Inazo Nitobe, "Japanese Colonization", Asiatic Review 16(January 1920), p. 118. 또는 Peattie, "Japanese Attitudes Toward Colonization" 참조. 스테판 다나카, 박영재·함동주 역, 『일본 동양학의 구조』, 문학과지성사, 2004, 353쪽에서 재인용.

33 Fogel, "Politics and Sinology", p. 238. 앞의 책, 353쪽에서 재인용.

34 白鳥庫吉, 「文字の優勝劣敗」, 『白鳥庫吉全集』(第9卷, 「アジア史論下」), 釜山: 民族文化(影印本), 1995, 4～6쪽.

35 白鳥庫吉, 「文字の優勝劣敗」, 『白鳥庫吉全集』(第9卷, 「アジア史論下」), 釜山: 民族文化(影印本), 1995, 6～7쪽.

36 李光來, 『일본사상사연구-습합·반습합·역습합의 일본사상-』, 景仁文化史, 2005, 656～657쪽.

37 白鳥庫吉, 「東洋史上より觀たる日本國」, 『弘道』 254, 1913. 5. 『白鳥庫吉全集』(第9卷, 「アジア史論下」), 釜山: 民族文化(影印本), 1995, 179쪽.

38 白鳥庫吉, 「文字の優勝劣敗」, 『白鳥庫吉全集』(第9卷, 「アジア史論下」), 釜山: 民族文化(影印本), 1995, 10쪽.

39 全成坤, 『일본인류학과 동아시아』, 한국학술정보(주), 2009, 148～149쪽.

40 白鳥庫吉, 「東洋史上より觀たる日本國」, 『弘道』 254, 1913. 5. 『白鳥庫吉全集』(第9卷, 「アジア史論下」), 釜山: 民族文化(影印本), 1995, 179쪽.

제4부 부록: 근대, 번역어, 동아시아

1 이 논고에서 일컫는 송학(宋學)은 주로 주자학을 지칭하며 본문에서는 이 두 용어를 혼용할 것이다. 원래 송학이란 개념은 중국 송대에 이루어진 신유학적 경향의 학풍을 의미하는데, 송대에는 왕안석의 신학(新學), 소식(蘇軾) 등의 촉학(蜀學)과 더불어 도학파(道學派)의 학풍도 존재하였고, 이를 총괄하여 송학이라고 할 수 있다. 하지만 중국사상사에서 볼 때 학파분류상 송학을 주자학과 등치시키는 예도 있으며, 이 논고에서는 이에 따를 것이다.

제국 지식인의 패러독스와 역사철학

2 植手通有責任編集,「年譜」,『西周・加藤弘之』(日本の名著34), 中央公論社, 1972, 512~521쪽.

3 松島弘,「西周と津和野」,『西周と日本の近代』, 2005, 18쪽.

4 졸고,「德川時代의『論語』觀과 그 학문정신-古學派의『論語』觀을 중심으로」,『東洋哲學研究』第59輯, 東洋哲學研究會, 2009. 8, 177쪽.

5 松島弘,「西周と津和野」,『西周と日本の近代』, 2005, 21쪽.

6 大久保利謙編,「徂徠學に対する志向を述べた文」,『西周全集』第1卷, 宗高書房, 1960, 3쪽. 李光來,『일본사상사연구-습합・반습합・역습합의 일본사상』, 景仁文化社, 2005, 496쪽.

7 西周,「徂徠學に対する志向を述べた文」,『西周全集』第1卷, 宗高書房, 1960, 5쪽. "顧觀宋學漢宋之間, 自爲一大鴻溝, 我身如, 在於蓮花坐上, 其世界之別也, 猶淨土與娑婆乎, 於是乎始知嚴毅苹迫之不如平易寬大, 空理無益於日用而禮樂之可貴, 人欲不可淨盡, 氣質不可變化, 道統擬血脈, 居敬效禪定, 窮理非學者之事, 聖人不捨人情也."

8 고지마 쓰요시, 신현승 옮김,『사대부의 시대』, 동아시아, 2004, 55쪽과 144쪽.

9 井上厚史,「西周と儒教思想-「理」の解釈をめぐって」,『西周と日本の近代』, 2005, 150쪽.

10 앞의 논문, 152쪽.

11 高坂史郎,「新しい世界を求めて西周とオランダとの出会い」,『西周と日本の近代』, 2005, 44쪽. 李光來,『일본사상사연구-습합・반습합・역습합의 일본사상』, 景仁文化社, 2005, 499쪽.

12 李光來의 앞의 책, 499~500쪽.

13 大久保利謙編,「西洋哲学に対する関心を述べた松岡鏻次郎宛の書翰」,『西周全集』第1卷, 宗高書房, 1960, 8쪽. "小生頃來西洋之性理学, 又経済学抔不之一端を窺候処, 実ニ可驚公平正大之論ニ而, 従来所学漢説とは, 頗端を異ニシ候処も有之哉ニ相覚申候, ……只ヒロソヒ之学ニ而, 性命之理を説くは程朱ニも軼ぎ, 公順自然之道に本き, 経済之大本を建るは, 所謂王政にも勝り, 合衆国英吉利等之制度文物は, 彼堯舜官天下之意と, 周召制典型は心ニも超へたりと相覚申候."

14 앞의『全集』第1卷,「開題門」, 19쪽. 井上厚史의 앞의 논문, 154쪽에서 재인용.

15 앞의『全集』第1卷,「開題門」, 19쪽. "東土謂之儒, 西洲謂之斐盧蘇比, 皆明天道而立人極, 其實一也."

16 王家驊,『日本の近代化と儒学』, 農文協, 1998, 153쪽.

17 日蘭學會編, 大久保利謙編著,「西周助からホフマン宛」1863년 6월 12일 수신,『幕末和蘭留學關係資料集成』, 雄松堂書店, 1982, 177쪽.

18 大久保健晴,「니시 아마네(西周)의 초기 체제구상」,『동양정치사상사』2권 1호, 한국동양정치사상사학회, 2003, 239쪽.

19 李光來,『일본사상사연구-습합・반습합・역습합의 일본사상』, 景仁文化社,

2005, 503~504쪽.

20 麻生義輝, 『近世日本哲學史』, 近藤書店, 1942, 315~316쪽. 鈴木登, 「西周哲学の認知体系と統一科学―総合化への構図を求めて」, 『西周と日本の近代』, 2005, 285~286쪽. 본문에 인용한 표는 이 논문에 삽입되어 있는 표를 참고하였다.

21 앞의 논문, 286쪽.

22 森岡健二, 『近代語の成立: 明治時期語彙編』, 明治書院, 1969. 가토 슈이치, 타지마 테츠오·박진영 역, 「메이지 초기의 번역―왜·무엇을·어떻게 번역했는가」, 『현대문학의 연구』 Vol. 24, 한국문학연구학회, 2004, 493~494쪽에서 재인용.

23 앞의 논문, 493쪽에서 인용하여 표 안에 넣음.

24 『通書』, 志學章 第十. "聖希天, 賢希聖, 士希賢. 伊尹顔淵, 大賢也." 周敦頤 著, 朱熹註, 권정안·김상래 역주, 『通書解』, 청계, 2000, 154쪽.

25 가토 슈이치, 타지마 테츠오·박진영 역, 「메이지 초기의 번역―왜·무엇을·어떻게 번역했는가」, 『현대문학의 연구』 Vol. 24, 한국문학연구학회, 2004, 493~494쪽.

26 黃聖根, 「니시 아마네의 근대적 번역어 '理性' 연구」, 한국학중앙연구원 한국학대학원 석사학위논문, 2006, 36쪽.

27 가토 슈이치의 앞의 논문, 492쪽.

28 『論語』의 「先進篇」. "德行, 顔淵閔子騫冉伯牛仲弓. 言語, 宰我子貢. 政事, 冉有季路. 文學, 子遊子夏". 成百曉譯註, 『論語集註』, 傳統文化研究會, 1999, 205쪽.

29 高坂史郎, 「新しい世界を求めて西周とオランダとの出会い」, 『西周と日本の近代』, 2005, 62쪽.

30 고지마 쓰요시, 신현승 옮김, 『사대부의 시대』, 동아시아, 2004, 112쪽. 가토 슈이치, 타지마 테츠오·박진영 역, 「메이지 초기의 번역―왜·무엇을·어떻게 번역했는가」, 『현대문학의 연구』 Vol. 24, 한국문학연구학회, 2004, 492쪽.

31 『河南程氏遺書』 卷二十二上, "性即理也, 所謂理性是也, 天下之理, 原其所自, 未有不善."

32 니시 아마네의 번역어 '이성'에 관해서는 아래의 연구를 참조하였다. 黃聖根, 「니시 아마네의 근대적 번역어 '理性' 연구」, 한국학중앙연구원 한국학대학원 석사학위논문, 2006, 26쪽.

33 이 용어들은 각각 『論衡』의 「實知」, 『孔叢子』의 「記義篇」, 張廷珪의 『탄기부(彈碁賦)』, 朱熹의 『中庸章句』 「序」에서 뽑은 것이다. 가토 슈이치의 논문, 492~493쪽.

34 가토 슈이치, 타지마 테츠오·박진영 역, 「메이지 초기의 번역―왜·무엇을·어떻게 번역했는가」, 『현대문학의 연구』 Vol. 24, 한국문학연구학회, 2004, 493~494쪽.

35 子安宣邦, 이승연 역, 『동아·대동아·동아시아』, 역사비평사, 2005, 131~133쪽.

제5부 부록: 일본의 근대 학술사조와 양명학

1 최근 이러한 통설을 비판하는 대표적인 학자가 도쿄대학의 고지마 쓰요시(小島毅)이다. 그는 자신의 저서 『海からみた歷史と伝統』(勉誠出版, 2006) 속에서 에도(江戶) 시대 무사가 지배하던 사회는 유교적이지 않았으며, 그 유교는 막번체제의 국교가 아니었다고 주장한다. 하지만 유교가 에도 시대는 물론이고 메이지 유신의 하나의 원동력이 되었다는 점에 대해서는 강한 긍정을 피력하고 있다. 또 같은 대학의 와타나베 히로시(渡辺浩)도 『近世日本社會と宋学』(東京大学出版会, 1985)이라는 저작 속에서 도쿠가와 시대의 체제이데올로기로서의 주자학의 위상에 대해 의문을 제기하고 있다. 대략 17세기 말엽까지는 주자학으로 대표되는 유교가 사회 전반에 깊이 수용·보급되어있지 않았다는 점을 지적한다.

2 岩波書店, 『廣辭苑』(제4판), 1996, 「習合」. 이 사전(辭典)에서의 설명을 보면 '습합(習合)'이란 '상이(相異)한 교리(敎理) 등을 절충하고 조화시키는 것'이라고 정의내리면서 신도(神道)와 불교의 습합인 '신불습합(神佛習合)'을 예로 들고 있다.

3 고학파의 인물과 사상에 관해서는 井上哲次郎, 『日本古學派之哲學』(冨山房, 1902), 吉川幸次郎, 『仁齋·祖徠·宣長』(岩波書店, 1975), 『日本思想史辭典』(ぺりかん社, 2001, 「古學派」, 177쪽) 등을 참조.

4 多田顯著, 『武士道の倫理—山鹿素行の場合』, 永安幸正編集, 麗澤大学出版社, 2006, 198~199쪽.

5 『日本思想史辭典』, ぺりかん社, 2001, 「山鹿素行」, 548쪽.

6 小島毅, 『近代日本の陽明学』, 講談社, 2006, 93~132쪽.

7 吉田公平, 정지욱 역, 『일본 양명학』, 청계, 2004, 27~28쪽.

8 小島의 앞의 책, 94~98쪽.

9 앞의 책, 107~108쪽.

10 이 표는 다음의 책에 근거하여 작성한 것임을 밝혀둔다. 新渡戸稻造, 『武士道』, 飯島正久訳, 築地書館, 1998, 248~250쪽. 多田顯著, 『武士道の倫理-山鹿素行の場合』, 永安幸正編集, 麗澤大学出版社, 2006.

11 졸고, 「武士道와 陽明學에 관한 小考-習合의 思想 構造」, 『日本思想』 第12号, 韓國日本思想史學會, 2007年 6月, 187쪽.

12 小島毅, 『朱子学と陽明学』, 放送大学教育振興会, 2004, 14쪽.

13 吉田公平, 정지욱 역, 『일본 양명학』, 청계, 2004, 36쪽.

14 小島毅, 신현승 역, 『사대부의 시대』, 동아시아, 2004, 80~82쪽. 원서의 제목은 『朱子学と陽明学』, 放送大学教育振興会, 2004.

15 양명학의 명칭에 관해서는 졸고, 「武士道와 陽明學에 관한 小考-習合의 思想構造」(『日本思想』第12号, 韓國日本思想史學會, 2007년 6월)를 참조.

16 小島毅, 『近代日本の陽明学』, 講談社, 2006, 67~69쪽.

17 吉田公平, 정지욱 역, 『일본 양명학』, 청계, 2004, 21~23쪽.

18 앞의 책, 23~25쪽.

19 Friedrich Nietzsche, Menschliches Allzumenschiches, 제1장 7절. 이 인용문은 이광래, 『해체주의와 그 이후』, 열린책들, 2007, 40쪽에서 재인용.

참고문헌

〈제1부~제3부〉

內藤湖南(虎次郎), 『內藤湖南全集』(第1卷~14卷), 東京: 筑摩書房, 1969~1976.

———, 『支那論』, 創元社, 1938.

———, 『東洋文化史』, 東京: 弘文堂, 1950.

———, 『近世文學史論』(朝日文庫), 朝日新聞社, 1949.

———, 『支那論』, 東京: 文會堂書店, 1914.

———, 『新支那論』, 東京: 博文堂, 1924.

———, 『支那史學史』, 東京: 弘文堂, 1949.

———, 『日本文化史硏究』, 東京: 講談社, 1976.

白鳥庫吉, 『白鳥庫吉全集』(第8卷~9卷, 「アジア史論」), 釜山: 民族文化(影印本), 1995.

津田左右吉, 『支那思想과 日本』, 東京: 岩波書店, 1938.

陶德民, 『明治の漢學者と中國: 安繹·天囚·湖南の外交論策』, 關西大學出版部, 2007.

芳賀登, 『批判: 近代日本史學思想史』, 柏書房, 1974.

靑江舜二郎, 『龍の星座-內藤湖南のアジア的生産』, 朝日新聞社, 1966.

下中彌三郎編, 『東洋歷史大辭典』 第4卷 シナ シンセ, 平凡社, 1938.

增淵龍夫, 『歷史家の同時代史的考察について』, 岩波書店, 1983.

———, 『日本の近代史學史における中國と日本-津田左右吉と內藤湖南』, 岩波書店, 2001.

山路愛山, 『支那論』, 東京: 民友社, 1916.

加賀榮治, 『內藤湖南ノト』, 東方書店, 1988.

奧崎裕司, 『中國史から世界史へ: 谷川道雄論』, 汲古書院, 1999.

安藤德器, 『西園寺公と湖南先生』, 東京: 言海書房, 1936.

神島二郎, 『近代日本の精神構造』, 岩波書店, 1961.

靑江舜二郎, 『アジアびと·內藤湖南』, 東京: 時事通信社, 1971.

千葉三郎, 『內藤湖南とその時代』, 東京: 國書刊行會, 1986.

三田村泰助, 『內藤湖南』, 東京: 中央公論社, 1972.

岡本幸治編著, 『近代日本のアジア觀』, ミネルヴァ書房, 1998.

町田三郎, 『明治の漢學者たち』, 硏文出版, 1998.

佐竹靖彦, 『唐宋変革の地域的硏究』, 京都: 同朋舍出版, 1990.

小堀桂一郎, 『國民精神の復權』, 東京: PHP硏究所, 1999.

桑原武夫(外編), 『現代日本思想大系 27 歷史の思想』, 東京: 筑摩書房, 1965.

竹內好外・橋川文三編, 『近代日本と中國(上)』, 朝日新聞社, 1974.

吉川幸次郎, 「支那學の問題」, 『吉川幸次郎全集』第17卷, 筑摩書房, 1969.

森鹿三, 「內藤湖南-日本文化論」, 『日本民俗文化大系11』, 講談社, 1978.

礪波護, 「東洋史學-內藤湖南」, 『京大東洋學の百年』, 京都大學學術出版會, 2002.

_____, 「內藤湖南」, 『20世紀の歷史家たち(2)』(日本編下), 1999.

小川環樹, 「內藤湖南の學問とその生涯」, 『內藤湖南』(日本の名著), 中央公論社, 1971.

溝上瑛, 「內藤湖南」, 『東洋學の系譜』, 大修館書店, 1992.

谷澤永, 「內藤湖南參考文獻目錄」, 『內藤湖南著書展』, いづみ書店, 1969.

杉村邦彦, 「NHKテレビ內藤湖南特集に對する反応」, 『湖南』第十八号, 1998.

名和悅子, 「內藤湖南の近代東アジアへの-間島問題に對する洞察-」, 『中國史硏究』第22輯, 中國史學會, 2003.

谷川道雄 編著, 鄭台燮 朴鍾玄外譯, 『日本의 中國史論爭』, 신서원, 1996.

崔炯斤, 「동서양 문화의 他者認識에 관한 연구」, 강원대 박사학위논문, 2006.

고사카 시로, 야규 마코토 외 2인 역, 『근대라는 아포리아』, 이학사, 2007.

子安宣邦, 김석근 역, 『일본근대사상비판』, 역사비평사, 2007.

_____, 이승연 옮김, 『동아 대동아 동아시아』, 역사비평사, 2005.

이광래, 『일본사상사연구―習合·反習合·逆習合의 일본사상―』, 경인문화사, 2005.

_____, 『해체주의와 그 이후』, 열린책들, 2007.

고지마 쓰요시, 신현승 옮김, 『사대부의 시대』, 동아시아, 2004.

全成坤, 『일본인류학과 동아시아』, 한국학술정보(주), 2009.

스테판 다나카, 박영재·함동주 역, 『일본 동양학의 구조』, 문학과지성사, 2004.

洪淳昶, 「日本東洋史家의 中國文化論-白鳥·內藤을 中心으로-」, 『大丘史學』第十七輯, 1979.

박찬흥, 「白鳥庫吉와 '滿鮮史學'의 성립」, 『'한·일병합'을 전후로 한 일본 역사가들의 동아시아象』, 2008년도 하반기 고려대 동아시아문화교류연구소 학술발표회집, 2008. 9.

방광석, 「도쿠토미 소호의 동아시아 인식」, 『근대 동아시아 담론의 역설과 굴절』, 소명출판, 2011.

　　　제국 지식인의 패러독스와 역사철학

신현승,「日本의 東洋史學者 內藤湖南의 歷史認識─支那認識과 文化史觀을 중심으로─」,『東아시아古代學』제19호, 2009.

〈제4부〉

大久保利謙編,『西周全集』第1卷, 宗高書房, 1960.

島根縣立大學西周研究會編,『西周と日本の近代』, ぺりかん社, 2005.

植手通有責任編集,『西周 加藤弘之』(日本の名著34), 中央公論社, 1972.

成百曉譯註,『論語集註』, 傳統文化研究會, 1999.

周敦頤著, 朱熹註, 권정안·김상래 역주,『通書解』, 청계, 2000.

王家驊,『日本の近代化と儒學』, 農文協, 1998.

高坂史郎,「新しい世界を求めて西周とオランダとの出會い」,『西周と日本の近代』, 2005.

大久保利謙編,「徂徠學に對する志向を述べた文」『西周全集』第1卷, 宗高書房, 1960.

手島邦夫,「西周の借用語について」,『西周と日本の近代』, 2005.

松島弘,「西周と津和野」,『西周と日本の近代』, 2005.

井上厚史,「西周と儒教思想─「理」の解釋をめぐって」,『西周と日本の近代』, 2005.

宇野美惠子,「西周における近代社會形成の構想─武士知識人の世界觀＝価値觀の展開」,『西周と日本の近代』, 2005.

鈴木登,「西周哲學の認知体系と統一科學─總合化への構図を求めて」,『西周と日本の近代』, 2005.

李光來,「西周とPhilosophiaと西洋哲學」(島根縣立大學西周研究會, 2004. 7),『近代東亞的知与韓國思想』(2001~2007國外發表論文集), 江原大學, 2007.

大久保健晴,「니시 아마네(西周)의 초기 체제구상」,『동양정치사상사』2권 1호, 한국동양정치사상사학회, 2003.

가토 슈이치, 타지마 테츠오·박진영 역,「메이지 초기의 번역─왜·무엇을·어떻게 번역했는가」,『현대문학의 연구』Vol. 24, 한국문학연구학회, 2004.

김동기,「일본의 근대와 번역」,『시대와 철학』Vol. 14-2, 한국철학사상연구회, 2003.

黃聖根,「니시 아마네의 근대적 번역어 '理性' 연구」, 한국학중앙연구원 한국학 대학원 석사학위논문, 2006.

崔瓊玉,「明治期 日本漢字語 造語成分에 대한 一考察」,『日本文化學報』第6輯, 1999.

신현승,「德川時代의『論語』觀과 그 학문정신-古學派의『論語』觀을 중심으로」,『東洋哲學研究』第59輯, 東洋哲學研究會, 2009.

〈제5부〉

新渡戶稻造,『武士道』, 飯島正久譯, 築地書館, 1998.

子安宣邦監修,『日本思想史辭典』, ぺりかん社, 2001.

多田顯, 永安幸正編集, 『武士道の倫理-山鹿素行の場合』, 麗澤大學出版社, 2006.

山下龍二, 『儒敎と日本』, 硏文社, 2001.

神島二郞, 『近代日本の精神構造』, 岩波書店, 1961.

明德出版社刊行, 『陽明學便覽』(陽明學大系 第一二卷), 1974.

岩波書店, 『廣辭苑』(제4판), 1996.

金谷治編集, 『荻生徂徠集』(日本の思想12), 筑摩書房, 1970.

井上哲次郞, 『日本古學派之哲學』, 富山房, 1902.

_____, 『日本陽明學派之哲學』, 富山房, 1900.

高瀨武次郞, 『日本之陽明學』, 鐵華書院, 1898.

吉田公平, 『日本における陽明學』, ぺりかん社, 1999.

今井淳·小澤富夫編, 『日本思想論爭史』, ぺりかん社, 1979.

宇野哲人外, 『陽明學入門』(陽明學大系 第一卷), 明德出版社, 1971.

小島毅, 『近代日本の陽明學』, 講談社, 2006.

_____, 『朱子學と陽明學』, 放送大學敎育振興會, 2004.

三島由紀夫, 「革命の哲學としての陽明學」(三島由紀夫全集34), 新潮社, 1976.

源了円, 『德川思想小史』, 中公新書, 1973.

吉川幸次郞, 『仁齋·徂徠·宣長』, 岩波書店, 1975.

賴祺一, 『日本の近世-儒學·國學·洋學-』, 中央公論社, 1993.

前田勉, 『近世日本の儒學と兵學』, ぺりかん社, 1996.

와타나베 히로시, 박홍규 옮김, 『주자학과 근세일본사회』, 예문서원, 2007.

니토베 이나조, 양경미·권만규 역, 『사무라이』, 생각의 나무, 2004.

요시다 고헤이(吉田公平), 정지욱 역, 『일본 양명학』, 청계, 2004.

미나모토 료엔, 박규태·이용수 옮김, 『도쿠가와 시대의 철학사상』, 예문서원, 2000.

모리모토 준이치로(守本順一郞), 김석근·이근우 옮김, 『일본사상사』, 이론과 실천, 1988.

신현승, 「武士道와 陽明學에 관한 小考-習合의 思想構造」, 『日本思想』第12号, 韓國日本思想史學會, 2007.

제국 지식인의 패러독스와 역사철학

제국 지식인의 패러독스와 역사철학

『제국 지식인의 패러독스와 역사철학』소개글

    지금 한국사회는 역사인식을 둘러싸고 첨예한 논쟁이 벌어지고 있다. 인식의 차이는 단지 머릿속에서만 머물지 않고, 교과서를 둘러싼 치열한 격론으로 이어지고 있다. 이러한 논쟁과 논란의 뿌리를 캐내려 가다 보면 우리는 쉽게 우리 근현대사의 아픈 상처와 마주하게 된다. 특히 식민지를 경험하면서 겪은 식민사학의 뿌리는 한국사에 깊게 자리하여 지금도 곳곳에서 다른 형태로 모습을 드러내고 있다. 일찍이 식민사학을 극복하고 자주적이고 발전적인 한국의 역사상을 구축하려던 선학들의 노력에도 불구하고 아직도 우리는 식민사학의 망령에서 자유롭지 못한 것이다. 근현대에 대한 잘못된 역사인식은 비단 한국만이 아니라 인근 일본에서도 오히려 부활하여 활개를 치고 있는 실정이다.

    20세기의 유산인 제국주의와 국수적인 민족주의가 어느 정도 극복되었다고 생각했는데, 반드시 그렇지만은 않다는 사실을 현실은 보여주고 있다. 이런 시점에서 우리는 어떻게 해야 할까? 어떠한 노력을 어떠한 방향으로 기울여야 하는지 쉽지가 않은 실정이다. 적어도 우리는 이 점에서 두 가지 방면으로 치열한 노력이 필요하다고 하겠다. 우선 한국사에 대한 인식을 올바르게 바로잡는 것이 필요하다. 그리고 동시에 잘못된 역사인식을 치열하게 비판하는 노력도 수반되어야 한다.

일반적으로 역사학에 관심이 있는 독자라고 하더라도 나이토 고난이라는 일본인 역사학자를 아는 사람은 많지 않을 듯 싶다. 그러나 한국사에서도 한때 사용하였던 개념인 '근세'라는 시기 구분을 중국사에 적용하였고, 교토제국대학의 동양학을 대표하는 학자였다는 사실을 안다면 나이토 고난이라는 인물이 예사로운 인물이 아님을 쉽게 알 수 있을 것이다.

지난 시기에 중국사를 전공하였던 학자 나이토 고난을 주목하게 되는 이유는 바로 그의 역사관이 당시 식민사관과 매우 밀접한 연관을 지니며, 그 배경이 되었다는 사실 때문이다. 나이토는 신문기자 출신의 저널리스트로 출발하여 중국사의 당송변혁기를 전공한 학자이다.

나이토가 본 중국사관은 자체적인 발전을 나름대로 평가하면서 특히 송대의 역사 발전이 시기를 '근세'로 구분할 정도로 뚜렷하다는 점을 부각하였다는 것에서 특징적이라고 알려져 왔다. 그러나 본서에서 정리되었듯이 객관적인 듯 보이는 그의 중국사관에는 철저하게 '느슨하고 정체된' 중국상(象)이 전제되어 있었다. 중국(내지 동아시아 세계)에 대한 철저한 타자화의 반대편에는 일본의 우월성이 전제되어 있어 일체가 되었던 것이다. 근대 일본에서 후쿠자와 유키치가 '문명'으로 중화질서를 해체하고 일본을 중심적 위치에 놓으려고 했다면, 도쿄제국대학의 사라토리는 언어문화학적 방법으로 중국문화의 해체와 재구성을 시도하였고, 나이토는 문화사적 방법으로 중국문화의 해체를 시도하였던 것이다.

제국 지식인의 패러독스와 역사철학

나이토의 이런 행적과 역사철학에 대해 신현승 교수는 제국지식인으로서 가졌던 나이토의 문제의식과 그 언설이 갖는 모순, 그리고 역사인식에 끼친 영향을 다양한 각도에서 풍부하게 제시함으로써 우리의 인식 수준을 한 단계 높여 주었다. 이런 사실을 이해할 때 우리는 지금까지도 뿌리 깊게 내려오는 식민사관의 유래와 현재성을 조금이나마 객관화시킬 수 있을 것이다. 조선시대에 대한 객관적 이해가 아직도 쉽지 않은 현실에서 그 먼 유래의 한 가닥을 질서 있게 정리한 본서의 내용이 미래의 올바른 역사인식에 토대가 될 것임을 믿어 의심치 않는다.

2015년 10월
경북대 복현재에서
기획위원 정재훈